検証　暴走報道

データと証言で明らかにする

統一教会追及

加藤　文宏

グッドタイム出版

はじめに——なぜ報道の暴走なのか

統一教会追及前史

統一教会は日本で布教を始めて60年になる。信者でなくてもそれぞれの人にとっての統一教会があり、安倍晋三元首相暗殺事件後に世の中を騒然とさせた教団追及の一部始終が初めての統一教会だった人がいても不思議ではない。

私はずいぶん前から統一教会を知っている気になっていたものの、この2年間で印象が何度か変わった。それ以前も印象が4回も変わっている。

6歳年上の兄が大学の夏季休暇で帰省したとき、統一教会についての話を聞いた気がする。その未知なる統一教会は、よからぬ宗教に思われた。これが統一教会に抱いた初めての印象だ。

次は、1980年代の半ばだ。大学に進学すると、キャンパスの所々に統一教会の勧誘を批判するビラが張られていた。勧誘されたと体験談を語る学生がいた。統一教会が理事に取り入って大学の運営に介入しているなどという陰謀論がまことしやかに語られていた。国際勝共連合という反共団体が統一教会と関係していると聞かされたのも、こうした話題をひそひそ声で話しているときだった。統一教会をめぐるすべての話題がちぐはぐで、それが一つの宗教とは私には思えなかった。

大学2年生のときスタッフとして参加して働いた広告代理店の制作部で、CMに起用するタレントの信仰が話題になると、「宗教より人を見ろ」と先輩社員が言い「偏見を持つな」と釘を刺された。他人の信仰に土足で立ち入ることの無意味さ、気持ち悪さを学んだ気がした。

1990年代に桜田淳子氏が統一教会を信仰して合同結婚式に参加するのがわかりスキャンダル化したとき、私は広告制作者として芸能界の真横で騒動を体験した。さまざまな人が、さまざまな信仰を持っていて、私とは違う生き方をしながら世の中に溶け込んでいるのを知っていたので、彼女が信者だったからといって驚きはしなかった。むしろ桜田氏が芸能界に築き上げたものと、彼女と一緒に仕事をしていた人たちの世界が崩壊したことに衝撃を受けた。

統一教会の印象がまた変わり、世俗の常識と信仰の常識について考えさせられた。

そして時代はオウム真理教に翻弄されていった。

私が暮らしていた町の、目と鼻の先にオウム真理教の支部がいつの間にかつくられ、郵便受けには彼らの活動を知らせるチラシが投函されるようになった。しかも気が付くと、知り合いの女性がオウム真理教に出家していた。

新興宗教をカルトと一言でまとめる時代が到来した。したがって、このときは統一教会だけの印象が変わったのではなかった。

放送や出版業界でオウム真理教は都合よくサブカルチャー扱いされたり、色物タレント扱いされていた。宗教学者らが、かっこうの素材と飛びついた。こうしたものがオウム真理教が引き起こした幾多の事件で瓦解した。

1995年3月22日、毒物検知用のカナリヤが入った鳥かごを手に捜査員らがオウム真理教の施設に入っていった。広大な敷地と巨大な施設、青黒い制服を着た捜査員の集団と白いオウム服を着た信者。強制捜査の様子を伝える中継を、私は広告代理店の社内にある番組モニター用のテレビで見た。

隣で同僚が「どうするんだろうな」と言った。オウム真理教を都合よく利用して商売にしていた放送や出版業界はどのように始末をつけるのか、きっと始末をつけられずに終わるのだろうと考える人は多かった。

ここから30年が経過して、安倍晋三元首相暗殺を契機に統一教会追及が始まった。私は報道を見聞きするうち違和感を覚えた。

これが5度目の変化だった。

「どうするんだろうな」のまま行き着いた先が、放送や出版だけでなく宗教学者らの統一教会追及での反応だった。統一教会が行った会見や、あるアイドルグループが信者らしいとほのめかされて番組を降板するに至った経緯に、鳥かごを手に捜査員らがサティアンへ踏み込んで行く様子を私は重ね合わせずにはいられなかった。

7月8日からの4日間

２０２２年７月８日、私は朝からコンピュータの画面に向かって資料整理をしていた。仕事に一区切りをつけ、ブラウザを開いてネットニュースを確認したとき「安倍元首相奈良県内で銃撃される」と速報が入った。11時50分過ぎのことだ。

正午になると安倍晋三氏が心肺停止状態であると伝えられ、12時20分頃に犯人の身柄が拘束されたと報じられた。テレビ各局が犯人の名前を「やまがみてつや容疑者」であると音声のみで報じ始めたのは12時40分頃で、12時48分に首相官邸から正式な発表があった。

先程11時30分頃、奈良県において安倍元総理が銃撃を受けました。撃ったとみられる男1名の身柄を確保しています。安倍元総理の容態は現在のところ不明であり引き続き確認中であります。政府においては11時45分、官邸危機管理センターに官邸対策室を設置をし、このあと関係省庁による会議も開催し対応にあたっています。遊説中の総理には直ちに報告を行いました。総理はこのあと官邸に緊急に戻られます。また応援演説などで各地にいる閣僚については、直ちに東京に戻るよう指示を出しました。いかなる理由であれ今回のような蛮行は許されるものではなく断固非難します。政府としては各種の対応に万全を期してまいります。

（12時48分の松野博一官房長官による発表　ＮＨＫ／首相官邸中継より）

一大事と感じた私は、考える間もなく首相官邸発表の内容だけでなく時刻まで記録していた。そして、報道の動向に変化があるたびメモを取った。

13時を回ると公明党の石井啓一幹事長の「あってはならない事態」発言ほか犯行を咎める報道が相次ぎ、凶器が手製銃だったことや、犯人が元自衛官だったことなどが報じられた。

17時45分頃、NHKの番組に［速報　安倍晋三元首相　67歳　亡くなる］と字幕スーパーが映し出された。死亡確認時刻は17時3分だった。以後、収録済の暗殺現場の様子や世の中の人々の反応が伝えられたが、誰もが驚き、不安に思い、犯行の影響を心配していた。

これはインターネットのソーシャルメディアも同じだった。銃撃報道直後のツイッター（現X）には警備の不備を問うツイートがあふれ、続いて事件が政治や社会に及ぼす悪影響を憂慮するツイートが途切れなく投稿された。

だが死亡報道後は、左派やリベラルを自称する著名アカウントから一般人に、暗殺成功を喜ぶ者が登場して「祝杯を挙げる」などと投稿され、これを見た人の多くが眉を顰める発言をした。

20時5分、毎日新聞WEB版が小沢一郎氏の談話を伝えた。

「端的に言えば、自民党の長期政権が招いた事件と言わざるを得ない」(略)小沢氏は演説後、記者団に発言の真意を問われ「社会が安定して良い政治が行われていれば、こんな過激な事件は起きない。自民党がおごり高ぶり、勝手なことをやった結果だ」と語った。(略)「自民党の長期政権、長い権力が日本の社会をゆがめ、格差が拡大し、国民の政治不信を招き、その中から過激な者が暗殺に走った。社会が不安定になると、このような血なまぐさい事件が起きる」と持論を展開した。

(以上、毎日新聞「小沢一郎氏『長期政権が招いた事件』と持論　安倍元首相銃撃に」より)

毎日新聞WEB版は20時47分にも、小沢氏の談話と酷似した青木理氏の意見を伝えている。

あらゆる事件やテロには社会的、政治的背景があります。日本はこの数十年、経済は長期低迷から脱せず、格差や貧困が広がり、将来への展望を描けない焦燥感を抱えた時代でした。政治がこれに十分対処したとは到底言えず、多くの人びとが政治に失望し、諦めのような感情を抱いているでしょう。こうした閉塞（へいそく）感や不安感、不満が強ければ強いほど、治安が悪化し、政治に対するテロが起きてしまうのは内外の歴史が教えてくれるところです。（略）容疑者の動機や背後関係はまだはっきりしませんが、ナショナリズムや愛国主義の旗を振ってきた安倍元首相が、元自衛官の凶弾に襲われたのはなぜか。その動機や背景の解明を急ぐと同時に、事件の要因となった課題の解決に全力を傾ける必要があると感じています。

（以上、毎日新聞『ナショナリズムの旗振った安倍氏を、元自衛官がなぜ』青木理さん」より）

これら毎日新聞の「原因をつくったのは自民党や安倍晋三氏」または「殺されたのには理由がある」とも取れる政治家や識者の言葉を伝える報道は、暗殺事件を憂慮し、言論封殺を許すなと伝える報道がほとんどすべてを占めるなか異質なものであった。

23時台に奈良県警の会見を伝える報道が、立て続けにＷＥＢ版記事として掲載された。会見はこれまでに同県警が報道機関にリークしてきた凶器や犯人の経歴などの情報をなぞるもので、警備体制の不備について問う質問には明確な返答がなかった。唯一、容疑者の母親が「特定の団体」と関係があり多額の献金をしていたことが新味のある情報として伝えられた。

このときツイッターでは「特定の団体」が何者か憶測が飛び交って蜂の巣を突いたような騒ぎになり、統一教会ではないかと声があがったほか、さまざまな新興宗教が批判の俎上に載せられた。しかし、特定の団体との関係によって安倍氏が暗殺された理由を説明できる者はなく、会話は新興宗教についての噂話に終始した。

翌7月9日の新聞朝刊やＷＥＢ版記事の午前の更新から「特定の団体」と献金の関係が報道され、参院選当日の7月10日午前6時に更新されたＦｌａｓｈ ＷＥＢ版は「団体」を統一教会と断定した。

山上容疑者に誘われて西大寺の飲食店で食事をしたことがあるという男性は、山上容疑者からある悩みを打ち明けられていたという。「これまでに3回ほど、安い居酒屋でおごってもらったことがあります。ふだん山上さんは、自分のことをほとんど話しません。しかしその日は、『自分の家族が統一教会に関わっていて、霊感商法トラブルでバラバラになってしまった。統一教会がなければ、今も家族といたと思う』と語りはじめたのです。山上さんは続けて、『統一教会は、安倍と関わりが深い。だから、警察も捜査ができないんだ』と、あまり感情を出さない山上さんが、怒りにまかせたように話していました」（略）公安関係者が語る。「親が信じる宗教を押しつけられ、生きづらさを抱える『宗教二世問題』の当事者として、矛先が安倍元首相に向いてしまったことが考えられます。（略）」

（以上、Ｆｌａｓｈ ＷＥＢ版「安倍元首相銃撃の山上容疑者 優等生バスケ少年を変えた〝統一教会で家庭崩壊〟…事件前には近隣トラブルで絶叫【原点写真入手】」より）

これらの報道を受けて7月11日に統一教会が会見を催すと、新聞記事やニュース番組が一斉に統一教会と政治の関係を問い始めた。

報道の影響への違和感

教会関係者や信者への憎しみが報道によって増幅される様子は異様だった。

この異様さの正体を明らかにするため、7月8日からの4日間に報道姿勢がどのように変化したか、在京新聞社とキー局（全国ネットワークの中心となる放送局）の動向を取材すると、事件発生当初にあった配慮や慎重さが奈良県警の会見をきっかけに消えていったのがわかった。

私が行った取材だけでは対象が限られるため、大分県立芸術文化短期大学講師の村上信子氏が行った調査の報告『安倍元首相銃撃事件のニュースをテレビはどう伝えたのか』を参考にして、報道姿勢の変化を整理してみる。

村上氏によれば在阪民放テレビ局への第一報は、NHKの速報で「近鉄西大寺駅前北側、けが人一人高齢男性」と漠然としたものだった。

「大和西大寺駅前で安倍元首相撃たれる」と第二報が入ると、テレビ局内に「大和西大寺駅で安倍さんが撃たれた、手のあいている記者とカメラマンは全員出動」と指示が飛んだ。このとき現場にいたのはNHKの記者だけで、警察や消防に問い合わせても多数の報道機関が電話をかけているのでつながらず、事実がわからないためファクトチェックに追われたとしている。

なお視聴者撮影の犯行映像が多数あったことが今回の大きな特徴。次から次へと入稿される映像の使用の可否について慎重かつ的確な判断が必要だった。例えば安倍氏が2発目を撃たれて倒れる瞬間の映像は視聴者撮影のものがあったが、衝撃性を考慮し放送では使用しなかった。

（略）

⑥徐々に明らかになる容疑者についての情報

山上容疑者が元自衛隊員だということは、防衛省への問い合わせにより同姓同名同年齢がいるということだったので、ほぼそうだろうと判断。最終的には東京キー局が防衛省ルートで確認した。

⑦複数箇所から続々と入って来る素材の管理
時間経過とともに、SNSの映像をはじめ、東京や安倍氏の地元である山口県などから大量の素材が入稿。早い段階で素材管理の担当者を割り振り、日時や撮影者、使用注意の有無、映像の加工（モザイク）が必要かどうかを判断した。
⑧安倍氏死亡の後の取材体制
夜間に取材できることには限りがあったが、銃撃現場や病院などに誰がいつ訪れるのかは不明。病院にはカメラマンと記者にスタンバイしてもらった。司法解剖が終わり翌日の早朝、東京へと移送される安部《原文のまま》氏の遺体と昭恵夫人の映像を待った。事件翌日、政治家たちは選挙活動を控えた。日曜の選挙特番については予定通り滞りなく放送できた。
（以上、村上信子『安倍元首相銃撃事件のニュースをテレビはどう伝えたのか』より）

では在京新聞社とキー局は、どのような様子だったのか。第一報のソースがNHKだったのもあり、在京新聞社とキー局は関西の報道機関とほぼ同時に事件を知り、被害者が安倍氏とわかると自社の大阪スタッフや系列局に問い合わせを始めている。

テレビ局では直後から現場中継の体制づくりが始まり、正午頃から現場や現地上空のヘリコプターからの映像を放送し、午後は番組スケジュールを変更して報道番組を放送した。取材と編集、送り出しへの配慮や慎重さは、村上氏の報告にある在阪テレビ局の様子と変わりないものがあった。

大手広告代理店の社員は、銃撃事件の第一報は社内にある「番組モニター用のテレビで見た」と証言した。ほぼ同時に、テレビ局にいた社員から続々と電話がかかってきたので、瞬く間に社内が騒然となったという。

この人物は「古参社員が、社内の様子を地下鉄サリン事件のときのように緊張していると言った。特番が組まれて番組が変わればＣＭに影響が出かねないため、クライアント（テレビにＣＭを出稿しているスポンサー）企業と正確な情報を共有しなければならなかった。それだけでなく、世の中が悪影響を受けるのではないかと心配した」と語る。

在京新聞社とキー局は情報収集に努めたが、奈良県警からのリークだけでは全容がつかめず、独自取材も成果をあげられずにいた。毎日新聞の取材に青木氏が遠回しな口調で自民党と安倍氏を批判しているのは、この段階で報道機関が暗殺犯について知っていたのは姓名と元自衛官の経歴くらいのものだったからだ。

しかも夜がふけるとともに、一般人への取材が難しくなっていった。こうしたなか奈良県警が、「特定の団体」と「献金」についてほのめかし、報道機関は裏どりをしないままWEB版記事を掲載。しかも、同じ内容を翌日の朝刊やニュース番組で報じた。そして7月10日の早朝にFlash WEB版が掲載した「安倍元首相銃撃の山上容疑者 優等生バスケ少年を変えた〝統一教会で家庭崩壊〟…事件前には近隣トラブルで絶叫【原点写真入手】」と題する記事で、家族と統一教会の関わりや、安倍氏と統一教会の関わりを山上が怒りにまかせて語っていたとする証言が紹介された。これらは山上がツイッター(現X)に投稿していた内容とかなり異なる真偽不明なものだったが、記事は「山上容疑者の〝信念〟は、最悪の形で表明されてしまった。」と締めくくられ、事件の原因は教団にあると断定されたことで、以後報道の潮流が一変した。

ある報道関係者は、「山上は扱いに困るやっかいな人物だった。自民党に同情票を集めるきっかけになるかもしれないし、彼を擁護して模倣犯を生むのもまずい。こんなバランス感覚がFlashの記事をきっかけに消えてなくなったかもしれない」と当時を振り返る。

7月9日、東京新聞は「「変えるのは言論でなければ」 安倍元首相銃撃死 批判封殺の時代訪れるのか」と題した記事で、舛添要一氏の「与党に同情票が集まる可能性がある。反安倍の立場をとっていた人も、口にしにくいムードになる」という発言、社会党の浅沼稲次郎委員長暗殺を例に挙げる一ノ瀬俊也氏の「社会党に同情票が流れ、議席が伸びたとされる。今回も安倍氏や自民党への同情が集まるだろう。これまでのように政策への反論ができなくなることも予想される」という発言を掲載した。

この「反安倍の立場」から同情票阻止を訴える東京新聞の記事でさえ、一ノ瀬氏の言葉を借りて「「実行犯への処罰が甘かったため、目的が正しければ手段が正当化されるという空気が生まれてしまった」」と五・一五事件が後に与えた影響を説明。「「安倍氏に対してはいろんな意見があるが、それは国会での議論や言論によって訴える問題だ」」と山上擁護を牽制している。

いっぽう統一教会の会見があった7月11日、毎日新聞は「統一教会とは 安倍晋三氏や祖父・岸信介氏との関係は?」と題して、祖父の代に遡って安倍責任論を展開した。この記事は同紙が掲載した青木氏の遠回しな発言の延長線上にある記事とはいえ、論調が先鋭化している。

ここで注意しなければならないのは2点。

安倍晋三元首相暗殺事件を憂慮し、事実を伝えることに集中していた報道が、いきなり安倍氏、自民党、統一教会が一体となって悪事を働いている前提の報道に変質した点と、山上が犯行に至った理由や、彼と彼の家族に統一教会が与えた影響や、安倍氏や自民党の関係について未解明なままであるにもかかわらず、仮説や独自の主張にすぎないものが事実のように報道された点だ。

暗殺事件に集中すべき段階にもかかわらず、話が逸れていった、もしくは逸らされたのである。

「メディア世論」が社会を変えた

「報道が世論をつくる」「政治を動かす」と言われて否定する人はいないだろう。ジャーナリズムが社会や政治に影響を与えて当然だからだ。しかし統一教会追及世論や解散命令請求への道筋が、報道によってつくられたものと指摘されると否定したり反感を覚える人が多い。

では同志社大学教授の伊藤高史氏が提唱する、ジャーナリズムが社会に影響を与えるメカニズム「正当性」モデルを参考にしながら説明しよう。

まずジャーナリズムが権力者を動かすモデルから。報道が市民に世論喚起を行い、権力者が世論に沿うように政策を修正する。報道が強い力を獲得すると、世論調査の結果を伝えるだけで、権力者に直接影響を与えられるようになる。

続いてジャーナリズムの強みを生むモデル。強みは「情報収集・ファクト発掘能力」と「その情報を公的なものとして権力者に認知させる能力」だ。報道機関が権力者の「正当性」を問う際は、法や道徳に反していると思われるできごとを発掘して、1社だけでなく複数の報道機関が報じて「メディア世論」と呼ぶべき強い力を生み出す能力が発揮される。「メディア世論」は報道によって生み出された世論の「虚像」だ。異なる新聞やテレビ局などから同じ論調の報道が立て続けに流されると、あたかも世の中が一つのできごとに反応して強大な世論が形成されたかのような印象を与えるため権力者を圧迫する。権力者ばかりか、大衆も世論の大きなうねりを感じて影響を受ける。

「正当性」モデルだけでなく、一つのできごとへの多様な解釈のうち一部分を強調する「報道フレーム」が権力者を動かすうえで重要な意味を持つ。報道フレームは、写真を撮影するときの構図の取り方を想像すると理解しやすい。被写体をどちら側から撮影するか、近づくか遠ざかるかを決めるのがフレーミングだ。フレーミングは撮影意図をはっきりさせる行為で、意図次第で写真を見せられた人の反応や感想も変わる。

また、報道フレームという紋切り型で「お約束の見せ方」があると複雑な説明抜きで情報を発信できるようになって、受け手側も情報を受け取りやすくなり理解するのが簡単になる。争点が単純な構図に整理されているため、権力者にとってもインパクトが強く無視できない存在になる【図1】。

前々節「7月8日からの4日間」、前節「報道の影響への違和感」にまとめた、報道と報道姿勢と世論の変化を思い出してもらいたい。

ポイントは毎日新聞の失敗と、Ｆｌａｓｈ ＷＥＢ版の成功だ。

【図1】メディア世論と報道フレームの影響

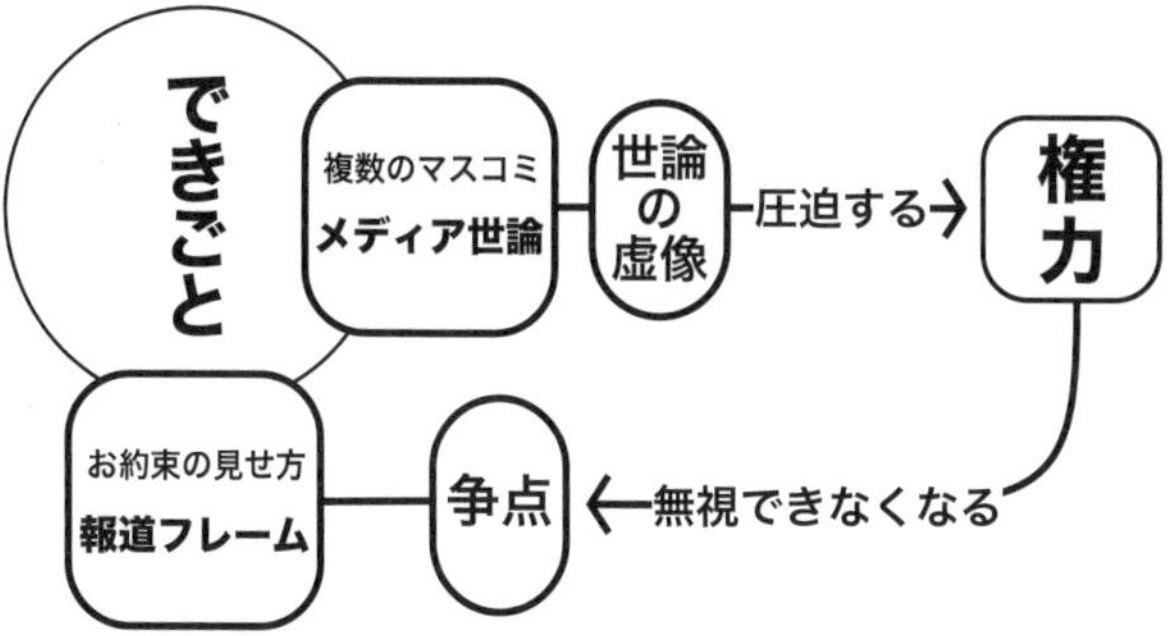

当初優勢だったのは、暴力による言論封殺への力強い批判だった。

このとき毎日新聞の談話記事で展開された、「殺されたのには理由がある」論は不発に終わった。

奈良県警の会見をもとにしてＦｌａｓｈ ＷＥＢ版が、「殺された理由」は統一教会にあると断じた。これ以後、暴力による言論封殺への力強い批判は、報道で尻すぼみになると同時に世論からも消えていった。その代わり、山上が犯行に至った理由や、統一教会が与えた影響について何ひとつ解明されないまま安倍氏、自民党、教団が一体となって悪事を働いているとされた。

毎日新聞１社では報道フレームを生み出せなかったが、複数の報道機関が同じ論調で記事や番組をつくり「メディア世論」を形成したことで「統一教会は邪悪なカルト集団で、彼らと自民党がズブズブな関係になって被害が出ている」とする統一教会追及のお約束が完成したのだ。この報道フレームのもと、「メディア世論」は権力者に「正当性」への疑いを認知させ、権力者が世論に沿うように政策を修正した結果が、統一教会への解散命令請求である。

これまでに統一教会の信者を探し出して数多くの人を取材してきたが、彼らは異口同音に「教団は政権批判報道に利用されている。このため人権侵害が発生している」と訴えていた。

たしかに「メディア世論」がつくり上げた統一教会への悪印象によって、信者であることを実名で公開されるのが肯定されたり、自治体が信者を市民生活から排除してあたりまえであるかのように振る舞っている。統一教会の信者であるため会社を辞めさせられた人、就職の内定を取り消された人、賃貸契約を打ち切られた人、病院で診察を拒否された人、銀行取引が止められた人がいると報告されている。政党や議会が断絶宣言をして参政権が制限されたり、自動車を買おうとしたりエレベーターを修理しようとすると信者であることを理由に断られたともいう。こうしたできごとは統一教会に限ったもので、他の宗教には行われていない。「メディア世論」に追い詰められて自殺未遂者だけでなく自殺者も出たとなると、これは報道の暴走と言わざるを得なくなる。

だが、あれだけ大騒ぎして被害が継続していると言っていたにもかかわらず、統一教会と政治にまつわる話題や、教団からの被害に遭ったと訴える二世たちが報道からもワイドショーからも消えた。ワイドショーは視聴率が取れなくなったと言い、出版社は思ったほど本が売れなかったと言う。解散命令請求というオチがついたからおしまいと報道関係者たちに一件落着気分が漂っているが、終わりにしてよいはずがない。

これは統一教会と信者だけの問題ではなく、私たちの社会が引き起こしたできごとであり、いずれ私たちすべてに影響を与える問題になる。報道が暴走するなら、どのような相手であっても「メディア世論」で押しつぶせることが、暗殺事件から統一教会追及に至る経緯ではっきりわかったはずだ。

本書は、統一教会の立場を教団の外側から代弁しようとするものではない。床一面に散らばったジグソーパズルのピースを拾い集めるようにして、安倍晋三元首相暗殺事件から解散命令請求に至るまでのできごとと報道を整理するのが目的だ。

もくじ

はじめに――なぜ報道の暴走なのか

統一教会追及前史　4
7月8日からの4日間　7
報道の影響への違和感　14
「メディア世論」が社会を変えた　20

第1章　統一教会報道をデータから解明する

定量的なデータで分析しなければならない理由　34
報道は何を伝えたのか　37

報道はいつどれくらい伝えたのか　42
ビッグデータが語る追及劇　45
統一教会追及に熱狂した人々　54
山上徹也報道の変化　57
コラム――言葉を解析する時代　65

第2章　「メディア世論」を形づくったワイドショー

ワイドショーの実情　70
視聴率からミヤネ屋を考える　76
ゴシップとして消費された統一教会　83
コラム――広く浅く一時的だった統一教会への興味　90

第3章　不寛容と差別の原因を証言とデータで解明する

救われるどころか追い詰められた人たち　98
報道から排除された信者たち　107
差別はどこから生まれたのか　112
日韓の構造変化と民族差別としての統一教会差別　123
コラム――統一教会像への矛盾した期待　131

第4章　政治に弄ばれた教団と社会

統一教会追及の構図と構造　138
隅々まで同調圧力に満たされた社会　144
安倍の悪魔化から岸田首相を狙ったテロへ　153

妖怪から妖怪の孫へ壺へ　157
コラム――安倍独裁はどのように伝えられたのか　163

第5章　運動に弄ばれた信者と社会

宗教はなくなってもよいという「常識」　172
社会運動は社会を分断して始まる　177
分断の実情を語る証言　181
コラム――正義に酔って干渉する素朴な人々　195

第6章　誰も言い出せなかった共産党二世問題

なぜ共産党二世問題なのか　202
しんぶん赤旗を配る母と受験を諦めさせられた子　203

ガッカリな状況と心配される共産党二世　211
130％党勢拡大目標の陰で　214

第7章　共産党二世が訴える生きづらさ

家父長的な差別の家からの脱出　218
共産党色に染め上げられた家庭と少年時代　235
ポスターが張られた清潔な家　244
コラム――遺贈を募る日本共産党　252

終　章――暴走を生んだ独善と退廃の後始末

深代惇郎の言葉から半世紀後の報道　260
共産党二世問題から考える　263

報道の公正さ　267
救済されるべき被害者と糾弾されるべき加害者に分断された世界で　271

本書では世界平和統一家庭連合を便宜的に「統一教会」と記し、区別が必要なとき「家庭連合」と表記する。

また両親より前の代から特定の宗教を信仰している家庭や、同じく業界や団体などに属している家庭の子弟であっても慣例に従い「二世」と表記する。

本書で引用した書籍や論文等の筆者の肩書きは当時のものとする。

第1章

統一教会報道をデータから解明する

定量的なデータで分析しなければならない理由

「アイドルの子たちが、統一教会の信者と決めつけられてます」

言い終えると、電話越しの声がむせび泣きに変わった。

2022年8月末、チャリティー番組『24時間テレビ「愛は地球を救う」』に参加予定だったアイドルグループが、ジャーナリストの鈴木エイト氏によって「2世信者グループ」とほのめかされ、スポーツ紙やタブロイド紙で断定的に紹介されただけでなく、SNSやネット掲示板で信者と決めつけられたため番組への参加を自粛しなければならなかった。

怯え切って電話をかけてきたのは、旧知の元オウム真理教信者だ。これまで幾度となく過去の信仰を調べあげられて仕事や恋愛を諦めてきた彼女は、「統一教会の信者たちは、これからもっと酷い目にあうと思う」とも言った。

不穏な予感は的中した。信者であるのを理由に企業や自治体から差別された者や、自殺未遂者や自殺者まで出た。

アイドルと教団の関係を指摘した1年後、講演会に登壇した鈴木氏はボランティア活動をしている一般人男性のプロフィールをプロジェクターでスクリーンに投影して、信者であると暴露した。このとき聴衆はさもあたりまえのように聞き入り、暴露を問題視したのは統一教会関係者くらいのものだった。

憲法で保障された信教の自由が次々と侵害されても、相手が統一教会の信者なら問題なしとする風潮が、いつの間にかできあがっていた。被害を訴える声を、人権団体さえ聞かなかったことにしている。

信者以外の一般人は、教団について知る術が限られている。人々はマスコミが伝える報道から教団にまつわる情報を得た。報道が暴走して信者への差別や、差別を容認する風潮をつくり出したのではないか。この風潮が解散命令請求に至った原因ではないか。報道は統一教会について、何を、どのように伝えたのか。これらの問いに、今までのやり方とは違う方法で答えを見つけようと思う。

前出の元オウム真理教信者と話をしていると、彼女は「脱会したあと、何を言っても洗脳されていると決めつけられて相手にされなくなりました。いま統一教会が同じ経験をしているはずです」と言った。

たしかに統一教会信者も会話だけでなく議論の場で同じ経験をしていた。また信者以外も、統一教会追及を牽引している論者を批判すると、同じような反応が当人からも外野からも飛んでくる。さらに「メディア世論」が形成されてからは、統一教会追及批判だけでなく、常連論者であるオピニオンリーダーと少しでも異なる論調はマスコミから歓迎されないか排除された。

たとえば、強制的に棄教させるため信者を拉致監禁する行為をテレビ番組で批判した太田光氏は、他の出演者から吊し上げをくらい「教団の代弁者」と呼ばれた。「統一教会は邪悪なカルト集団で、彼らと自民党がズブズブな関係になって被害が出ている」という報道フレームそのままを語らないなら発言権を奪われたのだ。統一教会追及のおかしさは教団関係者だけではなく、太田氏のように教団の在り方を全面的に肯定しない者からもあがっているが、これらの人々の問いかけまでカルトやズブズブとレッテルを貼られて攻撃の対象にされる。

そこで定量的なデータを切り口にして、追及報道のおかしさを検証することにした。定量的データは数値として表され、主観的な解釈を排除する。これにより客観性が保証される。反論があれば同じようにデータを集めて検証したうえで行えばよく、太田氏を吊し上げたような真似で議論が混乱する事態を避けられる。

ちなみに本書に掲載したデータをもとにした分析をＵＰＦ－Ｊａｐａｎ（ユニバーサル・ピース・フェデレーション・ジャパン）主催のシンポジウムで発表したが、鈴木氏だけでなく反カルトを掲げる藤倉善郎氏からも反論が寄せられなかった。発表外の事柄へは質問があったことから、両人は分析に納得したものと思われる。

報道は何を伝えたのか

報道は言葉で語られている。期間を定めて主要マスコミが報道した文章を満遍なく可能な限り集め、文章を意味がある最小の単位（形態素）に分解して、品詞、その量、変化、関連性などを判別すると、主観をまじえず報道が何を、どのように伝えたかが客観的な数値で判明する。この作業を形態素解析と呼ぶが、学術研究や市場調査であたりまえになっている分析手法だ。

解析したのは、国内の新聞社と通信社がツイッター（現X）に投稿した自社記事の紹介文だ。紹介文は読者の目をひくため、記事で強調したい点が簡潔にまとめられて本音が表現されている。紹介文の検証には、見出しだけで内容を判断する人への影響がわかるメリットもある。

大手報道機関11アカウント（読売新聞、朝日新聞、朝日コム、毎日新聞、毎日ニュース、産経新聞、日経新聞、共同通信、時事通信、ハフポスト、NHK）が投稿した紹介文で「統一教会」を含むものは、2009年から2023年5月31日までで4246件あった。このうち99％にあたる4214件が安倍晋三元首相暗殺事件後の投稿で、この年の7月11日から「暗殺犯は教団の被害者だった」と一斉に追及報道が始まっている。真相がわからないにもかかわらず、統一教会を暗殺事件の原因と決めつけるような伝えっぷりだった。

【図2】は4246件の紹介文で使用された名詞の上位200件だ。図中で文字を大きく表現しているものほど使用された回数が多い。「統一教会」が言及されたのは当然だが「自

【図２】 統一教会追及報道に頻出した名詞

民」「首相」「茂木」「山際」「大志郎」「岸田」「細田」「萩生田」などが目立つ。統一教会の被害に遭っている人々を救済しなければならないとされて始まった教団追及だったが、「被害者救済」にまつわる名詞はわずかしかなく、政権と自民党議員に関係した名詞が頻繁に使われている。初期に関係が判明した議員ほど、記事に繰り返し実名が書かれていたのもわかる。

　名詞がどのような組み合わせで使われていたか解析した。

　たとえば「みかん」と「デザート」が50回同時に出現し、「料理」と「皿」が25回同時に出現したなどと数値で表現すれば、名詞と名詞の結びつきが客観的にわかり、ここから文全体で何を言おうとしていたか類推できる。

参照した紹介文では「祝電」「会合」「出席」「イベント」が頻繁に使われていただけでなく同時に出現していた。「イベント」は「参加」「関連」「団体」「友好」と同時に出現していた。また「支援」と「選挙」が一組になってたびたび言及されていた。このほか「入閣」「岸田」「首相」「調査」の組み合わせや、「自民」「議員」「点検」「結果」「公表」の組み合わせが目立った。

報道は自民党の議員を名指しして、統一教会とイベントや選挙等で接点があったことや、これらを点検したり公表したかどうかばかり伝えていた。また政権スキャンダル化を狙っていたのか、初期に発覚した自民党の議員ほど繰り返し名指しされたいっぽうで、野党の議員については報道件数が少なかった。

紹介文だけでなく記事の本文を調べてみると、朝日新聞は六つのテーマで統一教会について報道していた。

1.「統一教会」「問題」が「岸田」「首相」「調査」「文化庁」に結びつく報道。

2.「会合」「出席」「祝電」が「イベント」「参加」「関連」「団体」「友好」に結びつく報道。

3.「統一教会」「関係」「自民」が「議員」「点検」「結果」「公表」に結びつく報道。
4.自民党議員を名指しして個別に追及する報道。
5.質問権行使や解散命令請求に言及する報道。
6.「国葬」「政権」「国会」が結びつく報道。

これらの中でも統一教会と接点を持つのが「何が悪いのか」「どのような影響を与えたのか」は、まったく説明されていなかった。宗教法人や信者が議員に陳情したり、選挙協力をするのは珍しくもないが、統一教会と自民党だけが「ズブズブ」と批判されていたのだ。

これは「統一教会は邪悪なカルト集団で、彼らと自民党がズブズブな関係になって被害が出ている」とされる報道フレームが、いきなり完成していたのを意味する。2022年7月から8月の段階で統一教会と暗殺犯、統一教会と二世、統一教会と自民党の関係を証言したのは鈴木氏くらいのもので、彼が提示した政治と教団をめぐる構図を報道機関がそのまま採用したのが見て取れる。

弁護士の紀藤正樹氏は、野党議員と教団の接点が指摘されたとき「関係性の濃淡が自民党議員と違う」と語った。濃淡を裁定するのは自分たち〝カルト問題の専門家〟と宣言したようなものだが、ここでも教団が「どのような影響を与えたのか」説得力のある説明はなかった。

報道紹介ツイートを解析した結果は、信者たちが「教団や信者を利用しながら政権批判をしている」と常々口にしていた感想が正しかったのを証明している。また、教団追及報道にエビデンス（客観的な証拠や根拠）が欠けていたのも明らかになった。

「何が悪いのか」「どのような影響を与えたのか」がないまま、統一教会と議員に接点があったと報じられて、お約束の報道フレームだけが一人歩きしたのは異常というほかないが、多くの人々はまったく不自然とは思わなかったようだ。これこそ統一教会批判者が口にしがちな「洗脳」ではないだろうか。

報道はいつどれくらい伝えたのか

自民党議員と統一教会の関係ばかり報道していたことは、紹介文ツイート数の推移にも現れている。推移をグラフ化した【図3】で明らかなように、暗殺事件後に急増した統一

【図３】報道紹介数の推移

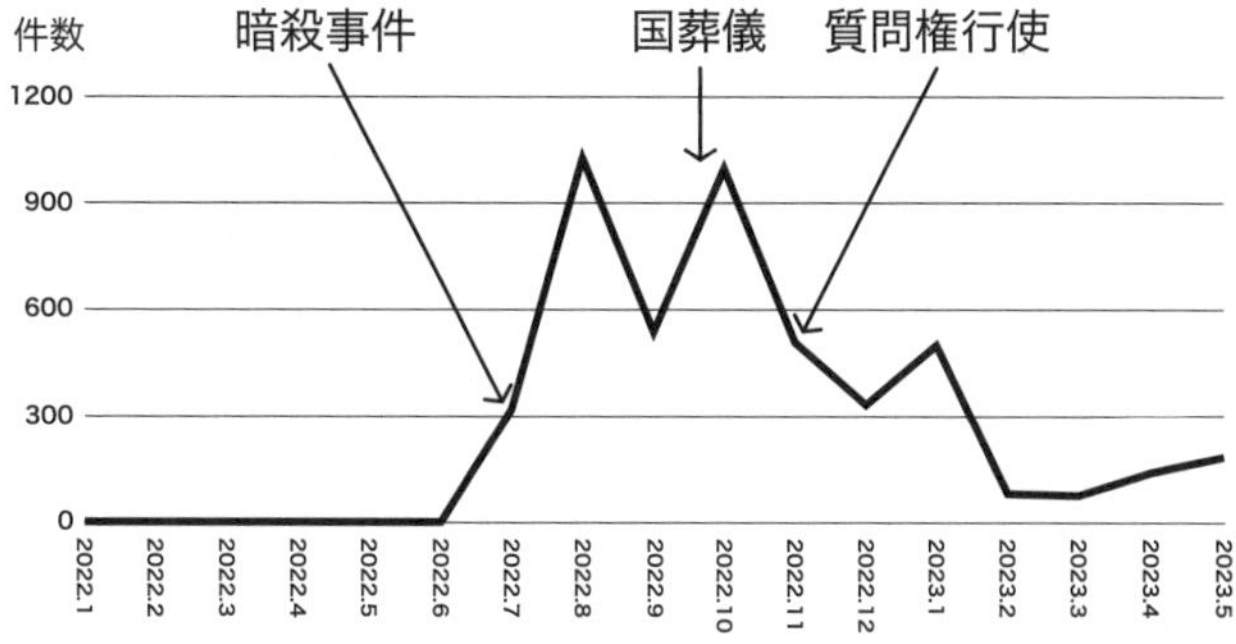

教会にまつわる報道が９月に急減して、国葬儀直後の10月に再び増加したが一時的な現象で終わった。この間に、何があったのか。

７月いっぱいで教団と自民党の関係について情報が出尽くした。

８月末から立憲民主党の議員と教団との関係がさみだれ式に発覚した。『情報ライブ　ミヤネ屋』を筆頭にテレビ番組が盛んに追及報道を繰り返した。

９月29日、報道に嘘があるとして教団が民放２社と出演していた弁護士３人を提訴した。

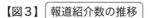

11月から文科省による質問権行使が始まった。

グラフでは割愛したが、２００９年から２０１８年にかけて件数は少ないものの統一教会についての報道があり、記事を紹介するツイートもあった。いずれも教団に対して批判的な論調で、信者らの事件と献金裁判を報道していたが、現在のような政権批判の大合唱は起こっていない。２０１９年から暗殺事件の直前まで報道はさらに少なく、報道があっても記事を紹介するツイートは皆無だった。

教団追及の発端となった鈴木氏の調査を「自民議員との接点が、よく調べられていた」とする政治関係者や報道関係者がいるいっぽうで、「以前から、教団と議員の関係を知っていたのは1人や2人ではない」「選挙応援やイベントへの出席は周知の事実だった」と証言する者がいる。記者たちは知っていたが、問題視していなかったのだ。

「あたりまえです。信者にだって選挙権があるから選挙応援くらいする」

「立憲や社民の代表が、新宗連の戦没者慰霊行事にやってきて読経や宗教じみた話をうなずきながら聞いている。しかし、このことで政教分離がどうこうと騒ぐ人はいなかったし、立正佼成会や崇教真光やPL教団や霊波之光とズブズブとも言われない。崇教真光なんかは『手かざしさせてください』と街頭でやっている宗教で、一部の人たちからカルトと呼ばれていた。同じように、統一教会が議員と会っても問題視されてこなかった」

「どの宗教にも自分は被害者と訴える人たちがいる。これは常識で、だからといって議員が関係を断つなんてことはなかった。１年生議員は知らなかったとしても、中堅以上の議員なら自分の政党と宗教の関係だけでなく、他の政党と宗教の関係も知っているはずだ」などと、政治関係者や報道関係者が証言している。

ところが安倍晋三氏が暗殺されると、暗殺犯を統一教会の被害者として取り上げ、自民党と教団を結びつける報道が始まった。鈴木氏の知識と主張は、スキャンダルの着火剤として好都合だった。長年続いた安倍批判の上に建て増しされた、統一教会追及という建前のズブズブ報道だったので「何が悪いのか」「どのような影響を与えたのか」具体的な説明がなくても話の通りがよかった。「アベだから悪いに決まっている」という決めつけだ。

このため統一教会追及が政治的な話題から、官僚と司法の仕事である質問権行使や解散命令請求へ移行すると、報道各社の興味や熱意が減退したのだろう。

ビッグデータが語る追及劇

しかし報道が減っても、冒頭で紹介したように信者への差別は止むことがなく、むしろ被害を訴える者が増えていった。

自民党議員の選挙活動を手伝ってきた男性信者は、「議員に無理な頼み事なんてしていないのに、目の前から消え去れという扱いです」と、暗殺事件発生からの半年間を振り返った。

「得意先もです。壺をどう思う、あの議員をどう思うなどと聞かれました。踏み絵を踏ませるような信仰調査です。いまどき食口《シック》（信者）で壺を売っている人なんていませんが、世の中は私たちの言うことを聞く余裕をなくしていました。だから、説明するのも取引を続けるのも諦めました」と表情を曇らせた。

当時の様子を他の信者たちは、「あっという間に、私たちへの怒りや恐怖が膨れ上がった」「私たちのことを何も知らない人まで、壺やズブズブと言いながら攻撃的な言葉をぶつけてきた」と振り返る。報道は統一教会追及の根拠を伝えず、ひたすら議員と政権を責めていた。「何が悪いのか」「どのような影響を与えたのか」は報道を見聞きする人々の想像に任されたため、教団や信者への憎悪に歯止めがかからなかったのだ。

安倍氏への憎悪も同じ理由で歯止めがかからなかった。「あべしね」「アベ政治を許さない」などスローガンだけでなく、独裁者と呼ばれ顔写真にいたずら書きをされたが、あべが死ぬとは、アベ政治とは、彼の独裁とは何かを説明するものが省略されたまま、個人批判と政権批判が繰り広げられた。このため「アベ政治」は拡大解釈され、安倍氏と無関係なものまでが捏造され、憎悪の受け皿として巨大な「虚像」が生み出された。

この憎悪の上に建て増しされた統一教会追及報道だったので、なおさら統一教会は激しい憎しみの対象にされたのではないか。

信者たちは世の中が一丸となって憎悪の牙を剥いたように感じていた。信者でなくても、私を含め騒動の異常さに辟易していた者もいた。いったい世の中は、統一教会追及報道をどのように見聞きしていたのだろうか。

報道と統一教会への関心の在り方を、日本全国くまなく調べるため、検索サイトのグーグルが2004年から収集してきたビッグデータを活用した。

2022年のインターネットの個人利用率は84・9％、13歳から59歳まででは90％を超え、ネット検索は日常的な行為になっている。しかもグーグルは日本語でサービスが提供されているＷＥＢサイトとしても、検索エンジンとしてももっとも利用者数が多く、シェアはパーソナルコンピュータで75・５％、スマートフォンでは75・２％と２位のＹａｈｏｏ！の同14・２％、同24・２％を大きく引き離している。こうした特性を持つグーグルで、検索に使われた言葉の総数から推移を調べると、日本中の人々がいつ、どれくらい、何に興味を抱いていたかがわかる。

なお注意しなければならないのは、グーグルからデータを入手した時期だ。たとえば「みかん」の検索数について調べた場合、「みかん」そのものだけでなく、「みかん」を含む検索や「みかん」に関連したものごとを検索しようとして別の言葉遣いをした場合を含めた数値が検索の人気度として提供される。後に、どの別の言葉遣いを含めるか基準が見直されたと思しきとき、全体的に人気度が底上げされるなど変化したり、特定の時期だけ変化することがある。「みかん」を例に挙げたが、広く知られた一般名詞では変動は稀なものの、固有名詞や造語でときどき発生する現象で、人々の興味が大きく増減したあとに発生する傾向があり、この特性を理解したうえでデータを検討する必要がある。本書では統一教会追及の状況が刻々と変化していた時期を避け、解散命令請求後の２０２４年１月に入手し

【図4】統一教会についての検索動向

Google 検索インタレスト

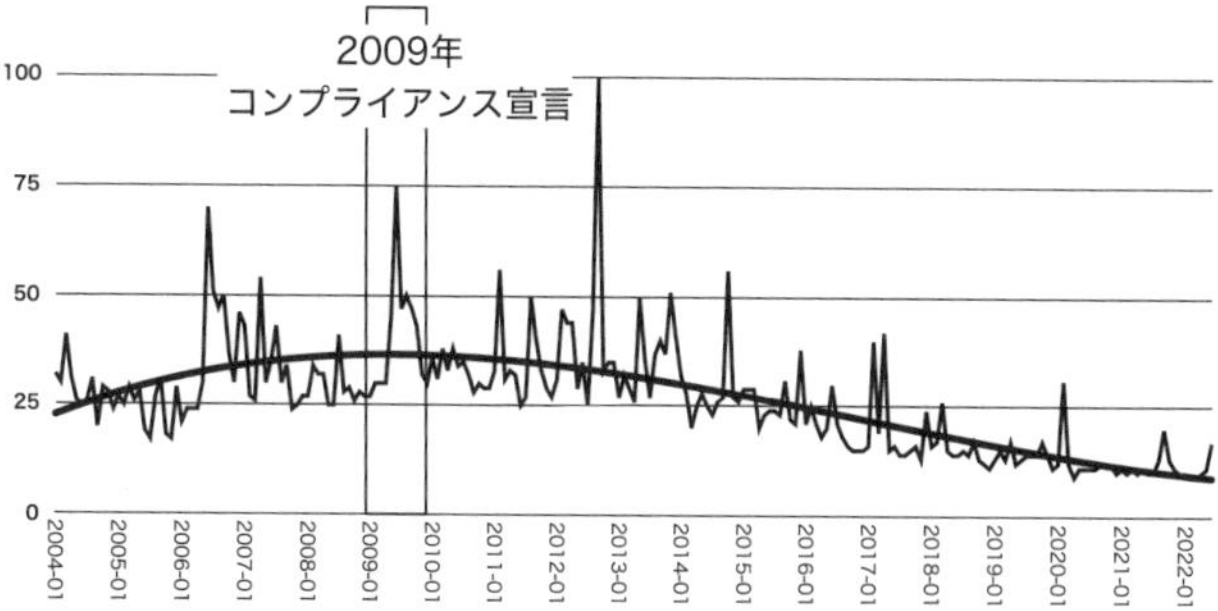

たデータを使用した。

【図4】は2004年から暗殺事件直前までの、「統一教会」について検索された回数の推移を表したグラフだ。2008年まで検索数が増えているものの、2009年から減少に転じた。この年、教団は「コンプライアンス宣言」をして法令とモラルを遵守する「教会改革」に着手している。

教会改革では、献金が収入の10分の3を超えるとき確認書と受領書を発行するようにしたほか、無理な献金を求めず、信者にもさせないルール作りをした。いわゆる「霊感商法」と呼ばれる、因縁を語ったり運勢を鑑定して献金を勧める行為も禁じた。これらは、統一教会追及の一つとして制定された「救済新法」を10年以上前に先取りした内容だった。

コンプライアンス宣言以前と以後では、民事裁判で賠償責任が認められた認容額が22・1億円から2012万円へ99％減、和解額は56・3億円から5538万円へ99％減と変化している。裁判件数は宣言以前に165件だったのが、2016年3月までの7年間で4件になり、以降は皆無になった。

このようにコンプライアンスの遵守が徹底され始めると、世の中が統一教会を忘れていったのを検索数の減少が端的に表している。

【図5】は2004年から2023年末までの検索数の推移だ。報道量が急増した2022年7月に検索数も急増したが、早くも8月に急減して、以前よりは多いものの低調なまま推移している。ズブズブ報道の最盛期が去って、再び統一教会は忘れ去られようとしているみたいだ。

「創価学会」と「幸福の科学」が検索された回数と、「統一教会」が検索された回数を比較したのが【図6】のグラフだ。統一教会に向けられた興味は、他の宗教と比較すると統

【図５】 統一教会についての検索動向

Google 検索インタレスト

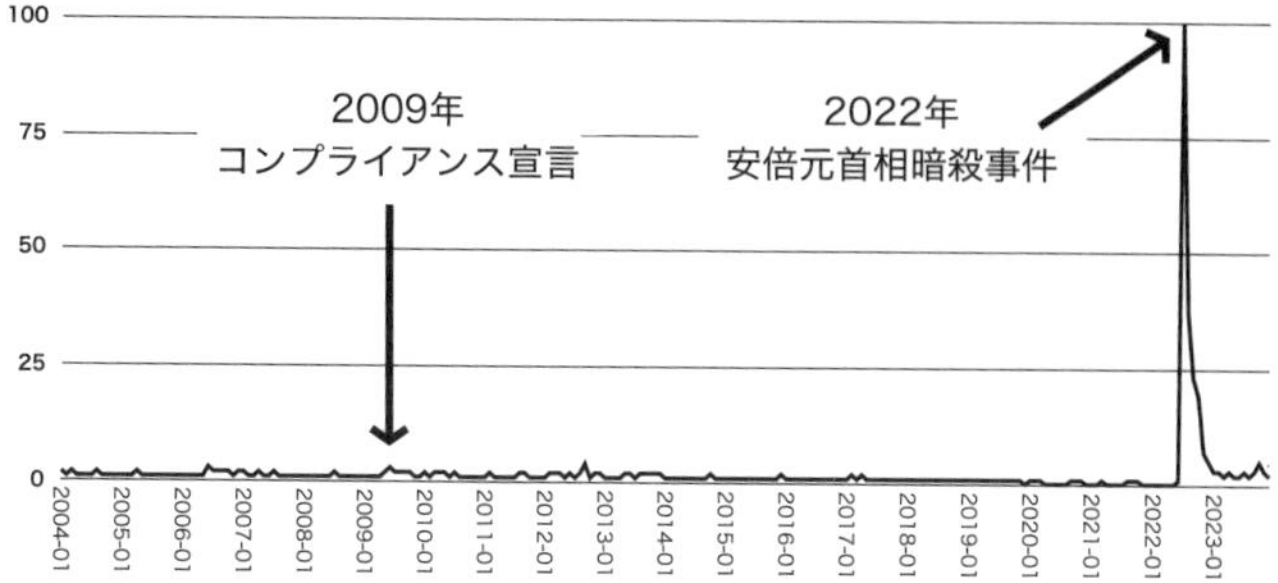

【図６】 統一教会と他の宗教の検索動向と規模

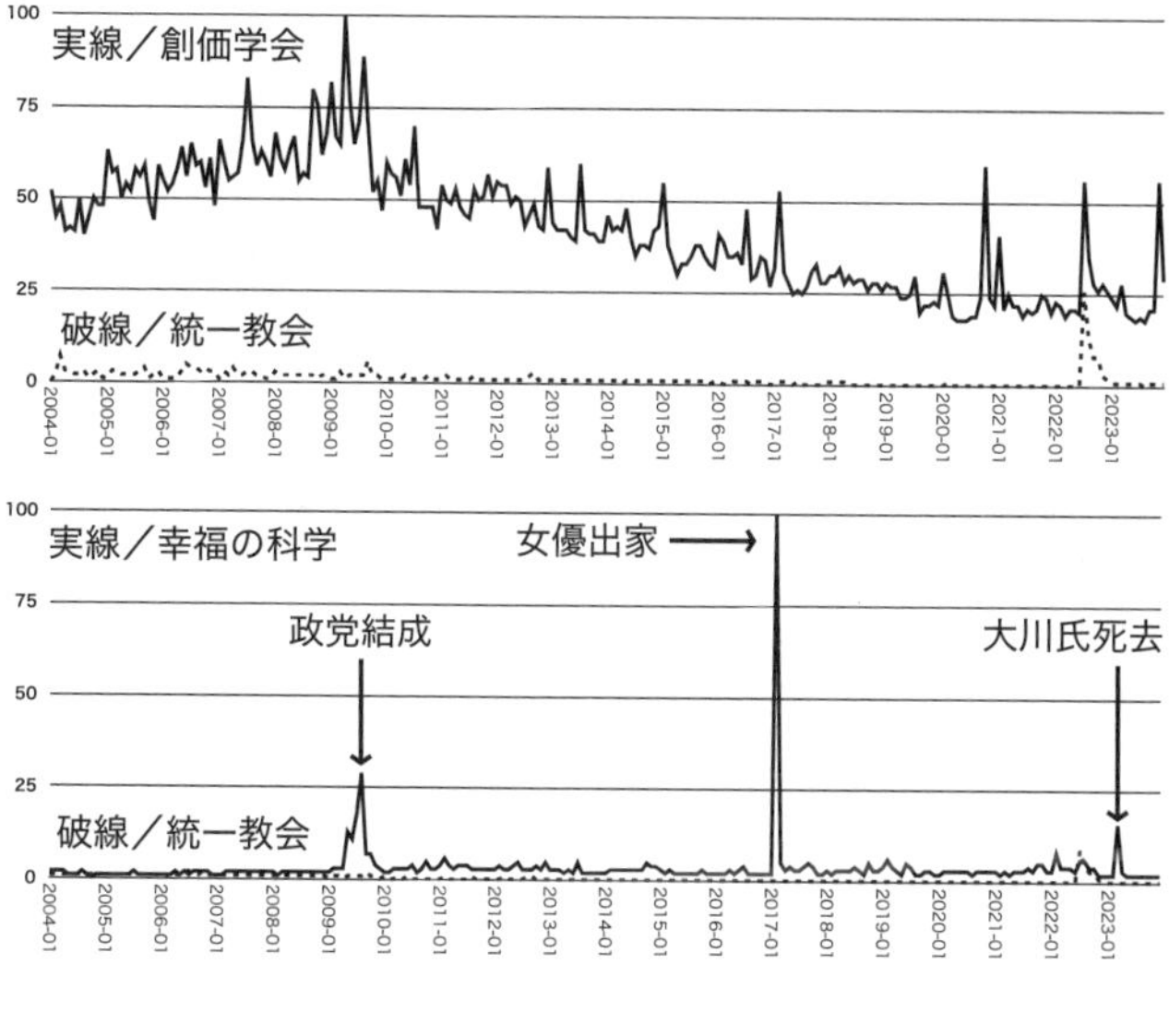

一教会追及以前では小さい。教団への興味は一般的なものではなく、とてもマニアックだったといえる。

創価学会は長期にわたって人々の興味を集めていたので、間断なく大量に検索されてきた。「創価学会」の検索数が多いのは、知名度が高いだけでなく良くも悪くも身近な気になる存在だったからだ。

創価学会の信者は公称国内827万世帯で、アクティブに活動する信者は公明党の集票数からみて600万人相当と考えられ、かなり巨大な宗教組織だ。選挙のたび公明党とともに思い出されるだけでなく、創価学会をめぐる逸話や噂話を耳にしたのは一度や二度ではないはずだ。

いっぽう統一教会のアクティブな信者は、文化庁宗務課に提出された嘆願書の数から2万3000人から3万人程度と思われる。これは、秩父宮ラグビー場や再開発計画前の明治神宮野球場の収容人数と同じ規模だ。信者の数を5万人から8万人程度とする見方もある。5万人なら甲子園球場の、8万人なら日産スタジアムの収容人数程度といえる。いずれにしろ身の回りに信者が見当たらないだけでなく、自民党候補の当落を決められる規模ではない。

また、これまでに4000人を超える信者が拉致監禁され、強制的に棄教を迫られる被害があっても事件が闇に葬られるくらい、教団について世の中は興味がなく、その実態について何も知らなかった。

「幸福の科学」は政党を結成したとき、女優が出家したとき、大川隆法氏が死去したとき検索数が突出して増えていて、「統一教会」と比べて話題の多い宗教団体だった。

幸福の科学と比較すると統一教会は合同結婚式スキャンダルといわゆる「霊感商法」報道でネガティブな印象が振りまかれた1990年代の記憶が残っている世代にさえ、過去の一時代を通り過ぎていった宗教になっていたようだ。1990年代半ば以降に生まれたZ世代の人たちに話を聞くと、「統一教会なんて知らなかった」「どこかで聞いたことがあっても、関心がなかった」と言うのにも合点がいく。

統一教会の若い二世信者たちも、コンプライアンス宣言以前に入信した親たちの世代と意識がだいぶ違う。「昔のバッシングはどうだったのか、それでも信仰したのはどうしてなのか教えてほしい」と両親に頼んだり、「何も悪いことをしていないのにカルトと言われるのはおかしい」と歯痒そうにする二世信者が多い。彼らにとって家庭連合と名前を変えた統一教会は、風変わりかもしれないがこぢんまりした宗教以外の何ものでもない。

統一教会追及報道によって、1990年代を知る層のネガティブな印象が刺激されたことと、Z世代前後が初めて見聞きする宗教トラブルに浮き足立ったことで統一教会への興味が盛り上がったとみるのが妥当だろう。この、あくまでも一時的な興味の盛り上がりが、巨大な世論のうねりのように見えていたのは、大量の報道と激しく熱狂した少数の人々の影響であるのをビッグデータが示唆している。

統一教会追及に熱狂した人々

では激しく熱狂した人々は、どこの誰なのだろうか。

【図7】は2022年7月1日から2023年12月31日までの期間に、「統一教会」を数多く検索した都市と順位だ（もっとも検索した回数が多い都市を100とした）。

地域（都道府県）別では全国から満遍なく検索されている。だが広く浅い興味の広がりだったため、都市（区市町村）別では奈良市、多摩市、杉並区、練馬区に集中している。なお、それぞれの地域の人口差を勘案した集計なので、人口と順位に関係はない。

【図７】統一教会について検索していた都市

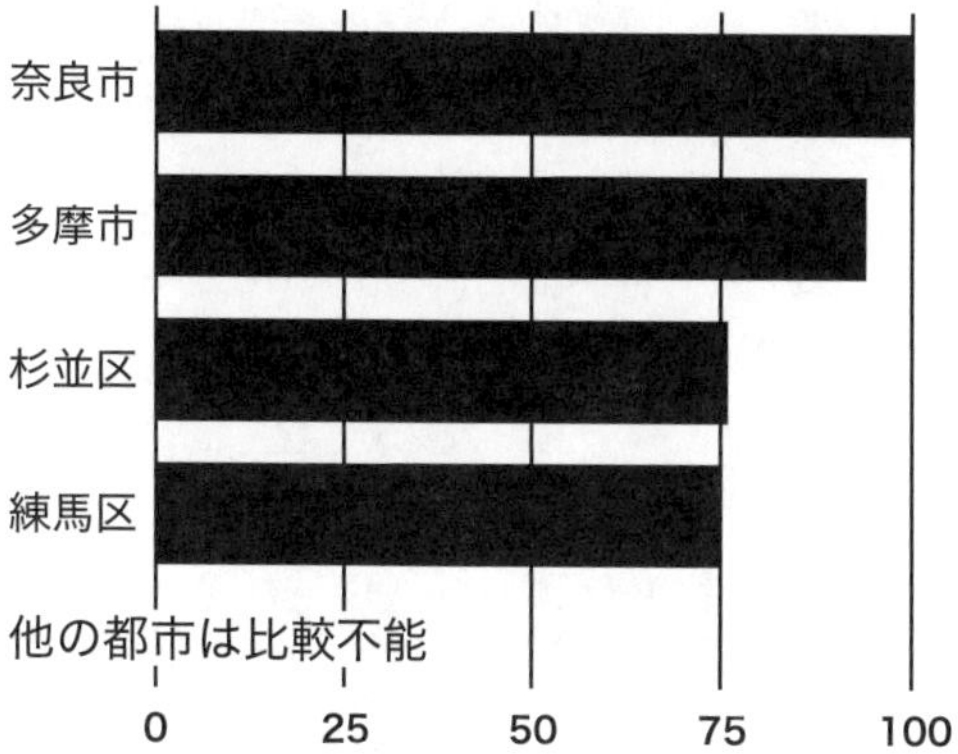

　奈良市（および奈良県の市町村）は暗殺事件と暗殺犯に深い関わりがあるため、興味を抱いた人が多いのだろう。

　多摩市は統一教会が研修施設を建設しようとしたため反対運動が行われている。

　杉並区は過去に関連団体の存在を騒がれたが、近年は際立った動きがない。

　多摩地区と城西地区は以前から政治性を帯びた検索ワードに興味を抱く傾向があるので、統一教会追及を政治的なできごとと感じて検索した人が多いのかもしれない。

　練馬区は自治体に登録されている清掃団体が、

統一教会の関連団体だったと報じられている。

以上のように人々が熱狂した理由を類推したが、東京都の1市2区以外にも統一教会や関連団体の施設があり、信者が自治体の活動に関与している例がある。暗殺された安倍氏の選挙区である山口4区や、教団施設が「こども110番の家」の看板を下げていると報道されて騒ぎになった愛知県江南市で検索回数が少なく、都市同士で比較できるほどの量でないため順位圏外になっている。つまり東京都の市と区が特殊な反応をしているのだ。

これほどまで都市別検索数に特殊な偏りが出たのは、私が知る限り原発事故にまつわるデマと関係深い検索ワードの例くらいだ。たとえば、内部被曝を防ぐというインチキなサプリメントを売っていた科学者の名前を検索していたのはほぼ東京都民だけだった。

原発事故に不安を抱く心情は全国的なものだ。しかし、被災地ではないにもかかわらず東京都で被害者意識をこじらせる人があまりにも多かったため、デマと関連した単語が頻繁に検索された。首都圏の中でも東京都は、原発事故について大げさな報道をした全国紙やキー局の占有率が高いだけでなく、政治家や反原発活動家が活発に運動を展開したので、他の自治体や都市と大きな違いが生じた。全国満遍なく「統一教会」に興味を抱いたが、都市単位では奈良市を除くと東京都の市と区が突出していた理由も同じではないか。

多摩市の住民が統一教会に興味を抱いたのは、まず東京都民が他の地域より教団追及報道に触れる機会が頻繁であった背景があり、さらに反対運動を展開した日本共産党と革新系市長の影響を受けて、神経過敏になる人が増えたためと考えられる。

盛山正仁文科相は解散命令請求を行うとき「多くの方々を不安や困惑に陥れた」と教団を評した。しかし被害者意識をこじらせた一部の人々が、報道が生み出した虚像に熱狂していただけだったとしたら、教会改革の成果があがっている事実と合わせて、解散命令請求の根拠は怪しげなものと言わざるを得なくなる。

山上徹也報道の変化

統一教会追及報道を考えるとき、忘れてはならないのが山上徹也だ。報道は暗殺犯山上徹也をどのように伝えたのだろうか。

特定の報道機関が発信した「山上徹也」を扱った記事に偏らないよう、グーグルのニュース検索を利用して関連度順に候補をソートさせた（並び替えた）。これらのうちから政党機関紙・誌などと、見出し違いの同一記事、課金読者以外は読めない有料記事を除いて、最大1位から50位まで全文を抽出することにした。２０２２年7月分から順次収集して、7月8日から9日は50件（2万５６１０文字）、山上家と統一教会の関係をＦｌａｓｈＷＥＢ版が報道した7月10日から31日は50件（5万４９２５文字）、8月分は記事が減少して50件に届かず34件（6万１２５５文字）、9月は同じく37件（5万２６２９文字）となった。

結論から言えば、8月以降の山上徹也報道は「母親が献金したから暗殺事件が起こった」を既成事実にしようとする報道だった。

事件直後の7月8日から9日と、7月10日から31日の違いは報道に使われている形容詞の違いに現れている（形容詞は出現回数だけでソートすると「多い」「大きい」「ものすごい」「おかしい」など一般的な単語が高順位にあがってくる。このような単語は、どのような文章にも出現する単語で、出現回数が多くても文章を特徴づけるものではない。そこで一般的な文章ではあまり使われない特異な単語を重視した。この統計処理をTF－IDF法と呼ぶ)。

7月8日から9日までは上位から「許しがたい」「華々しい」「危ない」「黒っぽい」「詳しい」「黒い」「少ない」「うるさい」「おとなしい」「短い」だったが、10日以降は「危ない」「苦々しい」「絞りやすい」「難しい」「通りにくい」「ほど近い」「毛頭ない」「苦しい」「詳しい」「止むを得ない」だった。

7月8日から9日までの「許しがたい」「華々しい」は50記事中1回しか使用されていないが、あまり使われない強い表現なのでスコア付けされた結果1位と2位になった。このとき山上は「許しがたい」と激しい調子で糾弾されたり、学生時代の活躍が「華々しい応援の場では」と強調されるなど、これらが使用された記事以外でも人間性を際立たせようとする報道が多かった。

7月10日以降は平凡ながらネガティブな「危ない」「苦々しい」などが数多く使われて上位に位置している。

続いて、名詞の使われ方を出現頻度と結びつきで検証した。

7月8日から9日までの名詞の使われ方。山上の氏名と「逮捕」と「容疑」と「殺人未遂」が同時に出現していた。「銃」と「手製」と「押収」と「自宅」が同時に出現していた。犯人逮捕の話題と、手製銃の話題が、報道の中心だったのだ。

7月10日から31日までの名詞の使われ方。「銃撃」と「事件」と「安倍晋三」と「逮捕」が同時に出現していた。「母親」と「献金」が同時に出現していた。「統一教会」と「宗教団体」と「うらみ」が同時に出現していた。安倍晋三氏が銃撃され犯人が逮捕された話題と、母親が献金していた話題と、宗教団体と統一教会とうらみについての話題が報道の中心だったのだ。

このとき犯行と献金は別の話題として取り扱われていたので、「犯行が行われた。母親が献金していた」となって、各種報道を目にしていた読者は両者に「関係があるみたいだ」と相関関係（二つの事柄が関わり合う関係）を読み取っていたことになる。

なお母親と統一教会とうらみが結びついていないのは、判明している事実のみ報じている記事と、さらに教団への「うらみ」という感情に踏み込んでいる記事があったものの、事実のみ伝える記事のほうが多かったからだ。

8月の名詞の使われ方。山上の氏名と「母親（や母親と献金）」と「統一教会」が同時に出現した。さらに、「銃撃」と「安倍晋三」が結びついて同時に出現するようになった。一つの記事の中で献金と犯行が結びつけられ、「母親が献金したから暗殺事件が起こった」と因果関係（原因とそれによって生じる結果との関係）が語られるようになったのだ。だからといって、警察の捜査や取り調べが進んで新事実が発表されたのでも、法廷で証言されたり判決が出て事件の全容が見えたわけでもなかった。

9月の名詞の使われ方。山上の氏名と「銃撃」と「映画」と「安倍晋三」と「国葬」と「批判」が同時に出現する話題ばかりになる。暗殺犯を主人公にした映画『REVOLUTION＋1』が制作されたり、国葬儀の日に上映されることが予告されたり、映画が批判された報道が大半を占めていたのだ。なお「献金」と「母親」と「統一教会」の話題は、映画についての報道とは別の記事で報道されているが、この頃になると記事数がかなり減った。

相関関係から因果関係への変化は、記事数に対する文字数の変化とともに考えるとわかりやすい。事件直後は50件の記事で2万5610文字だったが、以後50件5万4925文字、34件6万1255文字、37件5万2629文字と推移した。

事件直後は4W（いつ、どこで、誰が、なにを）しか記事に書けなかったので文字数が少ない。7月10日から31日の期間は4W1H（いつ、どこで、誰が、なにを、どのように）まで書けるようになったので文字数が増えた。8月以降は「なぜ」がわからないにもかかわらず、主に雑誌が山上と強い利害関係のある伯父の証言を信じて5W1H（いつ、どこで、誰が、なにを、なぜ、どのように）をまとめあげたので、記事数が少ないにもかかわらず文字数が増えた。「なぜ」が書き加えられたことで、「母親の献金」と「犯行」を因果関係と理解した読者たちは暗殺犯に同情したのである。


母親が献金したから暗殺事件が起こった——は二世問題と高額献金問題として統一教会追及の核心部分だった。

しかし、両問題に応えるため教団が策定した「コンプライアンス宣言」についての記述は、抽出した171記事中で5カ所しかなく、全国弁連（全国霊感商法対策弁護士連絡会）の証言をもとに効果が現れていないとしているか、献金の返金時に念書を取ったとする内容だった。

このコンプライアンス宣言について触れている四つの段落と1件の見出しをまとめて形態素解析をすると、名詞のスコア順は「山上」「島根県警」「全国弁連」「世界平和統一家庭連合」「1760万円」「2009年」——となった。動詞のスコア順は「売りつける」「あおる」「寄せる」「押し寄せる」「取り組む」「出す」「続く」「含める」「集まる」「下がる」——となった。

このようにコンプライアンス宣言は、ネガティブな話題として語られたのだ。

さらに8月からミヤネ屋の攻勢が始まる。

統一教会からの反論だけでなく、他の人々からの異論まで封じられたのでは、世の中から教団の実像は見えなくなるいっぽうだった。

暗殺事件の衝撃で動揺する人々に、犯人の人となりを劇的な言葉で印象づけ、現段階では相関関係にすぎない献金と犯行を因果関係と既成事実化して、断片的な情報だけで彼を主人公にした映画がつくられ、映画の話題で政治と権力を批判するところまでが、山上徹也報道だった。

これによって、献金が暗殺事件を引き起こしたとする「報道フレーム」が生み出され、それまで謎の解明を訴えていた「メディア世論」が暗殺事件の原因になった教団を解体しろと変わった。目指すゴールが教団の解体に移動した瞬間だった。

コラム――言葉を解析する時代

「セシウムさん騒動」と呼ばれるできごとがあった。

２０１１年８月４日、東海テレビ制作の情報番組の放送中に「怪しいお米　セシウムさん　怪しいお米　セシウムさん　汚染されたお米　セシウムさん」と不謹慎なテロップが23秒間表示された。番組は映像を切り替えてアナウンサーが謝罪したものの、岩手県が「東日本大震災津波からの復興に全力をあげて取り組んでいる本県を誹謗中傷した」と、知事から東海テレビに抗議文を送る事態に発展した。

テロップの放映から11年半後、東日本大震災・原子力災害学術研究集会で韓国人研究者が岩手県県南地域の議会で２０１１年に「風評被害」「マスコミ」という単語が目立って使用されていると発表した。この人は議事録を形態素解析したのだ。ただし、二つの単語が使用された理由はわからないという。そこで「セシウムさん騒動の影響ですよ」と声をかけたが、彼女はできごとそのものを知らなかった。「セシウムさん騒動」を知らない海外の研究者が、形態素解析によって地方議会の特異な緊迫ぶりを発見したのだ。私も母語ではない言語で、その国の人が気付いていない異変を見つけ出せるかもしれない。

形態素解析は万能ではないが、私たちの知る能力を拡大してくれるのは間違いない。多くの人が問題視しないで素通りしていた統一教会報道も、解析してみたら意地悪なくらい赤裸々にメディアの意図が浮かび上がってきた。

形態素解析は感情分析にも使える。単語ごとにポジティブかネガティブかタグを付けて辞書を作っておき、これを解析結果に当てはめるのだ。企業のクレーム処理では対応の精度を上げるのに感情分析が有効なのだという。このように形態素解析は研究分野だけでなく、ビジネスシーンでも使用されて実績を積み重ねている。

過日、選挙の応援演説で上川陽子外相が「この方を私たち女性が（知事として）生まずして何が女性でしょうか」と発言したところ、共同通信が［上川氏「うまずして何が女性か」］と見出しを付け、出産しない女性は価値がないと受け取れると報道した。これこそ元発言と記事を形態素解析で分析して比較すれば共同通信のおかしさがわかるだろう。

解釈とは、受け手の側から意味を理解することだ。したがって、いくらでも事実を歪曲でき、「うまずして報道」も政局を左右させる情報として利用されたのだった。

報道がモンスタークレーマーなみの存在になり、形態素解析で対応するのが最良の策になるのかもしれない。なるのかもしれないどころか、その第一歩が本書の分析だったとしたら実に嫌な時代に生きているとしか言いようがない。

なお山上徹也がツイッターに残した投稿のすべてを形態素解析すると、彼は安倍晋三氏を恨むことなく、左派政党にシンパシーを抱くどころか批判的で、自分が異性にもてないと語り続け、家族の中では祖父に強い憤りを感じ、自らの境遇について他責的で、まるで親の資産を当てにしていたかのような態度が発言に現れていた。どこにも社会変革を願う様子などなく、報道が伝え、鈴木エイト氏らが語った山上像とあまりにもかけ離れている。解釈の違いによって山上像にずれが生じたのではなく、彼が意思表示できないのをよいことに、記者や語り手が願望を肉付けしたためこんなことになってしまったのだ。

第2章

「メディア世論」を形づくったワイドショー

ワイドショーの実情

熱狂を生み出していたマスコミの中でも、日本テレビ系列のワイドショー『情報ライブミヤネ屋』は群を抜いて話題性が高かった。視聴率低迷による打ち切りさえ囁かれた同番組が、反統一教会路線を鮮明にすると視聴率が高止まりして、マスコミ関係者が「どこから視聴者がわいてきたのか」と首をひねったくらいだ。

ワイドショーとは何か。ニュース番組でもバラエティー番組でもないワイドショーとは、視聴率が取れない時間帯を救済するために考案された日本独自の番組形式だ。

ワイドショーは1964年に日本教育テレビ（現テレビ朝日）が放送を開始した『木島則夫モーニングショー』が始まりとされている。同局は視聴率低迷とスポンサーの確保に苦慮し続けていたが、なかでも不毛地帯と匙を投げられていた朝8時30分から9時30分の枠に、芸能や話題のニュースなど雑多な情報を伝える低予算番組を放送することにした。

朝8時30分から9時30分とは、人々が学校や職場に向かい始業時刻を迎えていたり、大忙しで午前中の家事に取りかかっている時間帯のため、誰もテレビの前にのんびり陣取ってはいなかったのだ。こうした時間帯の番組に予算を割くわけにはいかない。低予算で番組を制作するには、局内に転がっている情報を再加工して放送するほかない。局内にある情報は放送済みのニュース、他の番組や週刊誌が取材したゴシップ、新番組や新作映画やコンサートの宣伝材料くらいのものだった。

これらを司会者がもっともらしく差配して伝えたところ、それまで視聴率0％だった枠が放送開始時に3％、のちには15％も獲得する金のなる木に変貌した。視聴者は家庭にいる主婦だった。忙しく家事に勤しむとき、木島則夫モーニングショーにチャンネルを合わせたテレビをつけっぱなしにした。そして司会者がびっくりするような話を始めて興味を惹かれたら家事の手を休めてテレビの前に陣取り、退屈な話題になったら家事に戻った。これがワイドショーの視聴形態だった。

翌1965年、日本教育テレビは同じく視聴率が壊滅的だった正午枠で『アフタヌーンショー』を放送すると、こちらもヒットした。驚くべき変化を目の当たりにした他局も、視聴率が取れない午前と午後の枠に続々とワイドショーを投入して、テレビのワイドショー時代が始まった。

ワイドショーの成否は司会者しだいだった。どの局も同じ話題を取り上げるので、司会者にはこの人を見たいと思わせるキャラクターが求められた。また視聴者がなんとしてでも知りたい重要な話題を取り上げるわけではないため、話芸で間を持たせる必要があった。

こうしたワイドショーの形態や安定した視聴率は、現在も変わらない。午前の雄『羽鳥慎一モーニングショー』（テレビ朝日系列）は視聴率10％に達するのも珍しくなく、早朝の時間帯から始まる他の番組も7～9％台を記録する。午後は統一教会追及の先頭を走っていた『ミヤネ屋』（日本テレビ系列）が視聴率5～6％台をキープしている。

視聴率5～10％の価値はどれほどのものか、莫大な準備と予算をかけて収録されるNHKの大河ドラマが視聴率15％前後と言えばわかりやすいだろう。低予算で安定した視聴率が稼げるうえ、ライブ視聴中心で録画視聴がないためCMがスキップされない点をスポンサーが高く評価するので、テレビ局にとっては濡れ手で粟でやめられるはずがない。

だが、漫然と番組を制作しても視聴率は稼げない。

前述のアフタヌーンショーはワイドショーの黄金期をつくり出し、現在のワイドショーに受け継がれる基本形を完成させた番組だったが、放送開始から順風満帆だったわけではない。初代司会者で視聴率が低迷したため、局は2代目司会者として落語家の桂小金治を投入した。彼は顔を真っ赤にして怒鳴ったり、嗚咽で何を言っているか聞き取れないほど泣いたりして「怒りの小金治」「泣きの小金治」と異名を轟かせた。当時の視聴者は現在の後期高齢者だが、いつ小金治が怒り出すか、泣き出すか固唾を飲んでテレビを見守り、一緒になって感情をたかぶらせていたのである。

これが大成功の秘訣だったことでわかるように、視聴者が求めていたものは情報の質や内容の深さではなく、暇つぶしのための喜怒哀楽や驚きだった。アフタヌーンショーが記録した視聴率20%は、視聴者の激しい感情のたかぶりを表した数字といっても過言ではない。

ワイドショーの転機は登場から20年後の1985年に訪れた。

この頃になると司会者だけのキャラ立ちでは刺激が足りなくなったのか、芸能レポーターがワイドショーの第二の顔として活躍するようになっていた。芸能レポーターはスター芸能人のプライバシーを暴いて大騒ぎしただけでなく、ロス疑惑では劇場型の騒動を生み出し、豊田商事事件の報道合戦では同社会長が刺殺される様子を現場から生中継した。

豊田商事会長刺殺事件から2カ月後にあたる1985年8月20日、アフタヌーンショーは「激写！・中学番長！！・セックス・リンチ告白」と題した独占スクープを放送した。女番長が中学生5人に殴る蹴るなどのリンチを加える内容を問題視した警察が捜査したところ、リンチ行為が番組によって仕組まれたものであるのがわかった。

この事件では暴行の実行犯だけでなく、番組の担当ディレクターが暴力行為教唆容疑で逮捕されている（ディレクターは略式命令で罰金刑を受けたが、後に著書の中で暴行の指示を否定）。リンチ被害者だけでなく家族にも深刻な影響を与えたことで、アフタヌーンショーは打ち切りとなったが、同番組が確立した視聴者の感情を煽る王道的手法は他の番組に受け継がれて現在に至っているのは前述した通りだ。

視聴者を獲得するために、内容や質の高さより強烈な喜怒哀楽や驚きを、単純でわかりやすいかたちで与えようとワイドショーは構成され演出される。視聴者は感情のたかぶりを求めてテレビにかじりつき、正義心や嫉妬心を暴走させたり、逆に不安や恐怖を高められたりする。ワイドショーの中では覗き見行為や吊し上げが正当化され、話題の本質は忘れ去られる。そして話題が使い物にならなくなると、新たなテーマが喜怒哀楽や驚きのために生贄にされる。この終わりのない循環を、ワイドショーは60年間止められないままなのだ。

テレビ黎明期から黄金期にかけて活躍したベテラン放送作家は、生前「視聴者は期待通りの感情になれなければ満足しない」と私に番組制作の鉄則を語った。彼は「わからない言葉や表現が一瞬でもはさまったら、視聴者は興味を失ってチャンネルを変えてしまう。わからないことを見つけて喜ぶのは頭が良い人だけだ」とも言った。これらの匙加減を調整するのが秘訣だったはずだが、ワイドショーでは限度を超えて追及されている。

このベテラン放送作家は最晩年に、「感情でものを考える人をバカと言う。最近は番組そのものがそうなっている。テレビの先は長くないかもしれない」と嘆いた。だがワイドショーは未だに放送され、統一教会追及ではミヤネ屋が典型的な「報道フレーム」に則り「メディア世論」を揺るぎないものにしたのだった。

視聴率からミヤネ屋を考える

「あっという間に、私たちへの怒りや恐怖が膨れ上がった」

安倍晋三元首相暗殺事件後は、世の中が一丸となって憎悪の牙を剥いたみたいだったと統一教会の信者は感じていた。毎日のように憎悪を生み出していたのがミヤネ屋だったと語る信者も多かった。

日本共産党の専従職員が「ミヤネ屋を見ましょう」と党員らに勧めていたと語る複数の証言がある。また、職場の休憩所などにテレビがある場合はチャンネルを「ミヤネ屋に合わせよう」という呼びかけがあったという。組織的な動員なのか確証は得られていないが、個人的なアドバイスだったとしてもミヤネ屋の報道姿勢が日本共産党のお眼鏡にかなったのは間違いない。

志位和夫氏は日本共産党委員長だった当時、『サンデー毎日』での田原総一朗氏との対談で「日本共産党からすれば統一教会との最終戦争だ」と水を向けられると、「決着つけるまでとことんやりますよ」と語った。ミヤネ屋の「とことん」と呼ぶにふさわしい報道姿勢は、志位氏も心強く感じたのではないか。

しかし、初めからミヤネ屋の論調が日本共産党好みだったわけではない。２０２２年7月22日の同番組に出演した吉川美代子氏は、「(今までの統一協会問題に何も言わないで)急に言い出すっていうのは、パフォーマンスっぽい」と日本共産党を批判した。この発言に日本共産党の機関紙『しんぶん赤旗』は事実無根と猛抗議して、ミヤネ屋を制作している読売テレビは番組内で吉川氏の発言を訂正した。

事実誤認はともかく、これ以後ミヤネ屋は多様な視点や論点から統一教会を報道することがなくなり、ひたすら教団の悪辣さを強調する放送内容に変わった。なかでも紀藤正樹氏、嵩原安三郎氏、橋下徹氏が出演した２０２２年9月30日の回は極端だった。橋下氏が統一教会への「組織ぐるみ認定」や宗教法人解散の難しさを語ると、他の2人が「何を言っているかわからない」ととぼけて場を混乱させた。橋下氏は非論理的なやり方で孤立させられただけでなく、統一教会寄りのおかしな考え方をする弁護士のように印象操作される流れを一方的につくられた。

ミヤネ屋は、番組をまるごと統一教会と自民党を裁く法廷にしたと言ってよいだろう。ここでも統一教会が2009年に実施した「コンプライアンス宣言（教会改革）」の成果は紹介されず、「何が悪いのか」「それでどうなったのか」を欠いたままの糾弾が延々と繰り返された。

ミヤネ屋の視聴率に注目していたマーケティング調査会社勤務の男性は、「司会者が正義、コメンテーターの言うことが事実、視聴者は司会者の側に立つという暗黙のルールがあった。視聴者は常にイライラさせられて、番組が終わる頃に小さな優越感や勝利を味わえる番組構成だった。中毒にならないほうがおかしい。洗脳というより麻薬の売人みたいだった」と指摘する。「統一教会は邪悪なカルト集団で、彼らと自民党がズブズブな関係になって被害が出ている」という報道フレームのお約束が繰り返され、あたかも統一教会と信者が自民党を通じて日本を支配しているかのような気にさせられたのだ。

視聴者は番組が紹介する敵に向かって「壺」「ズブズブ」と念じていれば勝利が約束されていたが、イライラが消え去るわけではなかった。視聴者の憎悪に歯止めが効かなくなって当然だ。

これが平時に世帯視聴率5％台のミヤネ屋を、昼のワイドショーとしては異例の7％台へ押し上げた要因だった。世帯視聴率5％から7％の伸長は、関東、中京、関西の3地区に限っても約300万世帯から400万世帯でミヤネ屋の統一教会報道が視聴されたのを意味する。

ここでミヤネ屋が記録した高視聴率の正体を明らかにしよう。

ワイドショーとは、視聴率が取れない朝と昼の時間帯を穴埋めするため考案された番組ジャンルで、制作費をかけられないため報道部門などが集めた情報や週刊誌ネタを再構成して放送しているのは前述した。

視聴者がワイドショーを観る態度は、ドライバーが運転しながらラジオを聴く態度に似ている。テレビをつけっぱなしにしている家庭や店舗や休憩室がある。テレビのスイッチを入れたままにしておいて、家事や接客が手隙になったときだけ画面を観る人がいる。いずれも決まった局にチャンネルが合わせられていて、その時間帯にテレビのスイッチが入ったままにされていることまで習慣になっている。

2022年9月27日に執り行われた国葬儀は、昼のワイドショーの時間帯に各局で中継された。国葬儀中継はワイドショーと違い、惰性で観る番組ではなく、観たい人が観るのにふさわしいチャンネルを選択した。

NHKの国葬儀中継は「観るのにふさわしい」と期待されて世帯視聴率17・5%もの視聴率を記録した。かたや日本テレビがミヤネ屋の代わりに放送した中継特番の視聴率は3・5%だった。日本テレビ系列の中継を観る必然性がなかったので、統一教会追及を掲げていたミヤネ屋より視聴率が下がったのだ。

このことから、惰性でミヤネ屋を観たり、特に目的がないまま日本テレビにチャンネルを合わせていてたまたまミヤネ屋が画面に映し出されているケースが視聴率3・5%分だったのがわかった【図8】。つまり300万から400万世帯に含まれるすべての人が、番組を注視していたわけではなかったのだ。

惰性でチャンネルを合わせていた3・5%の層に、司会者や番組の演出が好きなファン層が1・5%上積みされてミヤネ屋の視聴率を5%にしていたと言える。これが同番組の

【図8】 ミヤネ屋 視聴率の構造

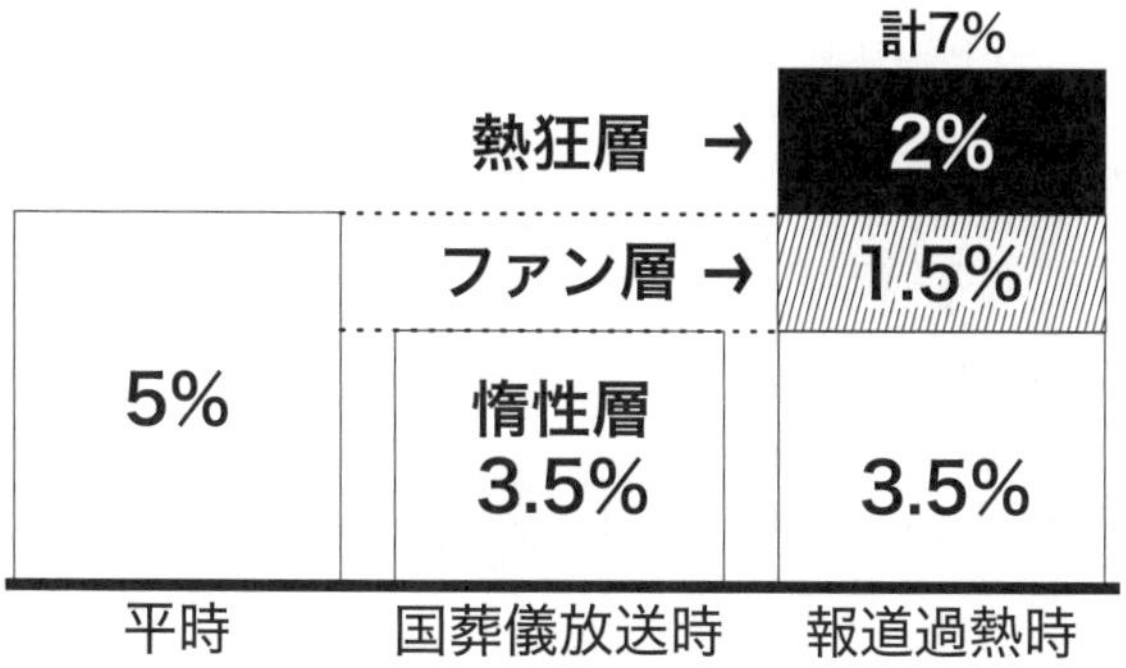

基礎を成す視聴率で、5%を下回るとファン層が番組離れを起こしている状態で黄色信号が点灯、3・5%に近づいたり下回ったりすると番組の土台が崩壊し始めている状態で赤信号が点灯することになる。

基礎を成す視聴率5%に、番組の統一教会追及姿勢に惹きつけられてやってきた人々が加わって視聴率を7%にした。この7%のうち、番組に惹きつけられてやってきた視聴率2%分の層とファン層を加えた計3・5%が、教団と自民党を一方的に裁く「ミヤネ屋法廷」を支持した人々だった。

ミヤネ屋が記録した世帯視聴率7%と、ミヤネ屋法廷を支持した3・5%分の規模は、世帯視聴率15%以上をキープしているNHKの大河ドラマのほか、連続テレビ小説と比較すると実感しやすいだろう。視聴率が伸び悩んだと報道された連続テレビ小説『おむすび』でも13％台を死守し、『虎に翼』や『ブギウギ』では最高18％から19％もの視聴率を記録していたのである。ミヤネ屋に熱狂した層の規模は、これら番組の6分の1から5分の1程度にすぎなかったのだ。

しかも、NHK放送文化研究所が行った視聴実態調査（「放送研究と調査」2017年3月号）で、朝ドラ視聴が忙しい朝の行動パターンに組み込まれると視聴脱落が起こりにくく、一度見始めたら最後まで見届けたい気持ちが視聴を継続させているのがわかった。これは、ミヤネ屋と違い惰性で連続テレビ小説にチャンネルを合わせている層が少ないのを示唆している。

なおツイッターの国内ユーザー数は（同一人物の重複や休眠アカウントを含むが）2021年に5895万人とされ日本の人口の半数に匹敵する。ツイッターではミヤネ屋の高視聴率期に同番組の話題が沸騰していたものの、番組の視聴率を2％上乗せするのがやっとだった。これも、少数派が激しく反応していただけだった傍証と言えるだろう。

視聴率だけでは、どのような属性の人々が「ミヤネ屋法廷」に熱狂したかわからないものの、13時55分から15時50分にテレビを視聴できるのは高齢者を除けばかなり限られている。大半の現役世代にとっては、ミヤネ屋で報道された内容をインターネットメディアに掲載された紹介記事で読むのがやっとだったことだろう。

ゴシップとして消費された統一教会

ミヤネ屋の統一教会追及は当初、吉川氏が日本共産党を批判したように問題を多角的に報道していた。吉川氏の発言は正確性を欠いたが、2010年代に政党ばかりかマスコミも統一教会への関心が薄れていたのは間違いない。世の中が統一教会を忘れていたにもかかわらず、20年間にわたって並々ならない関心を寄せてきたため鈴木エイト氏が称賛されたのではなかったか。鈴木氏が注目されたのも、新聞報道が急増したのも、多くの人々にとって統一教会の話題が降って湧いたものだったからだ。

ではミヤネ屋が「統一教会は邪悪なカルト集団で、彼らと自民党がズブズブな関係になって被害が出ている」とされるお約束一辺倒になる前の、暗殺事件直後の様子にさかのぼっ

【図9】献金への興味と統一教会＋議員への興味の動向

Google 検索インタレスト

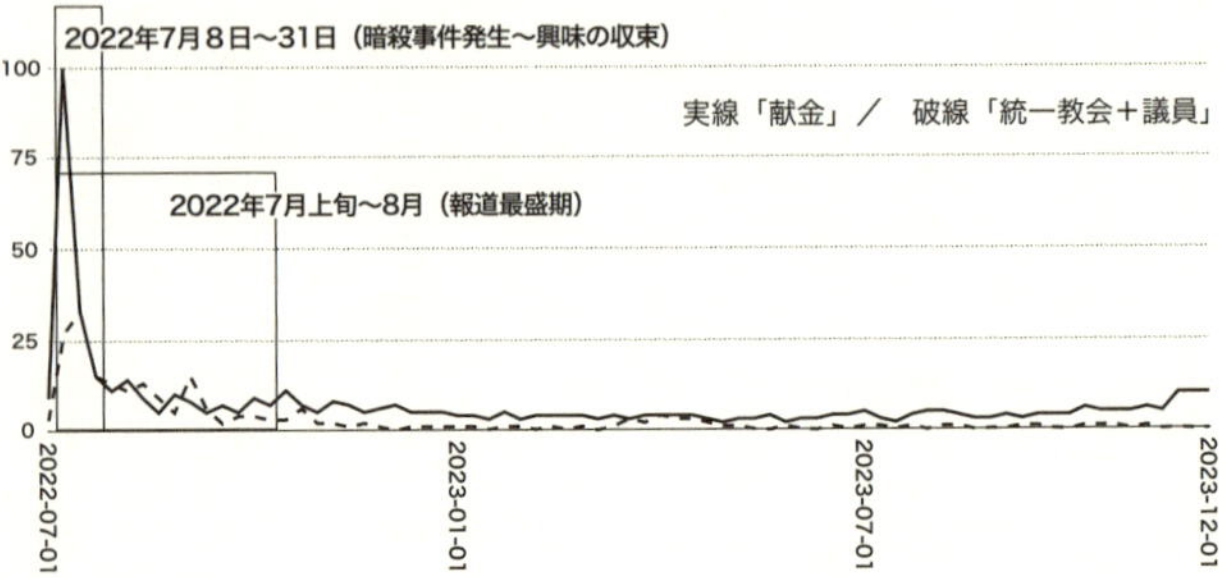

て世の中の関心事を振り返ってみたい。

グーグルのビッグデータで人々の興味を検証した。統一教会追及の発端は、「献金問題」と「政治家との関係」だった。この二つのテーマへの興味はグーグルの検索数にも反映され、暗殺事件直後に「献金」の検索と、「統一教会」と「政治家」を組み合わせた検索が急増している【図9】。人々は「献金問題」や「政治家との関係」で日本の社会がどうなったかを知りたかったはずだ。

ところが、この時期は献金問題などへの被害救済についての報道があまりにも少なく、政治家との関係では「それでどうなったのか」がまったく報じられず、延々と自民党議員と統一教会がズブズブの関係にあると繰り返していた。このため、8月になると人々から献金問題と政治家について情報を集めようとする意欲が失われてしまった。

代わりに、7月末から8月初頭にミヤネ屋の視聴率が上昇を始めた。ミヤネ屋は統一教会と自民党を被告席に座らせ、「何が悪いのか」「それでどうなったのか」を説明しないまま、教団が自民党を通じて日本を支配しているかのようなストーリーを構築していった。

司会の宮根誠司氏は、番組制作スタッフに統一教会の信者がいないか調べなくてはならないとする趣旨の発言さえしている。報道が常日頃から口にしていた「両論併記」や「人権擁護」はきれいさっぱり消え去っていた。

だが宮根氏への興味はミヤネ屋の視聴率が上昇して高止まりしていた期間より、彼が新型コロナ肺炎に感染した2022年12月に最大化した。番組の常連だった鈴木エイト氏、紀藤正樹氏について検索された数の推移も重ね合わせると【図10】になる。

鈴木氏への興味はミヤネ屋の高視聴率期に盛り上がり、番組への出演が減ると低調になり、最大値を記録したのはジャニーズ会見で奇妙な憶測をしたり、教団の関連団体から提訴されたり、竹田恒泰氏とバトル状態になった2023年10月だった。紀藤氏への興味は、ミヤネ屋への出演が減ると他の報道への出演やツイッターでの発言があったにもかかわら

【図10】出演者への興味の推移

Google 検索インタレスト

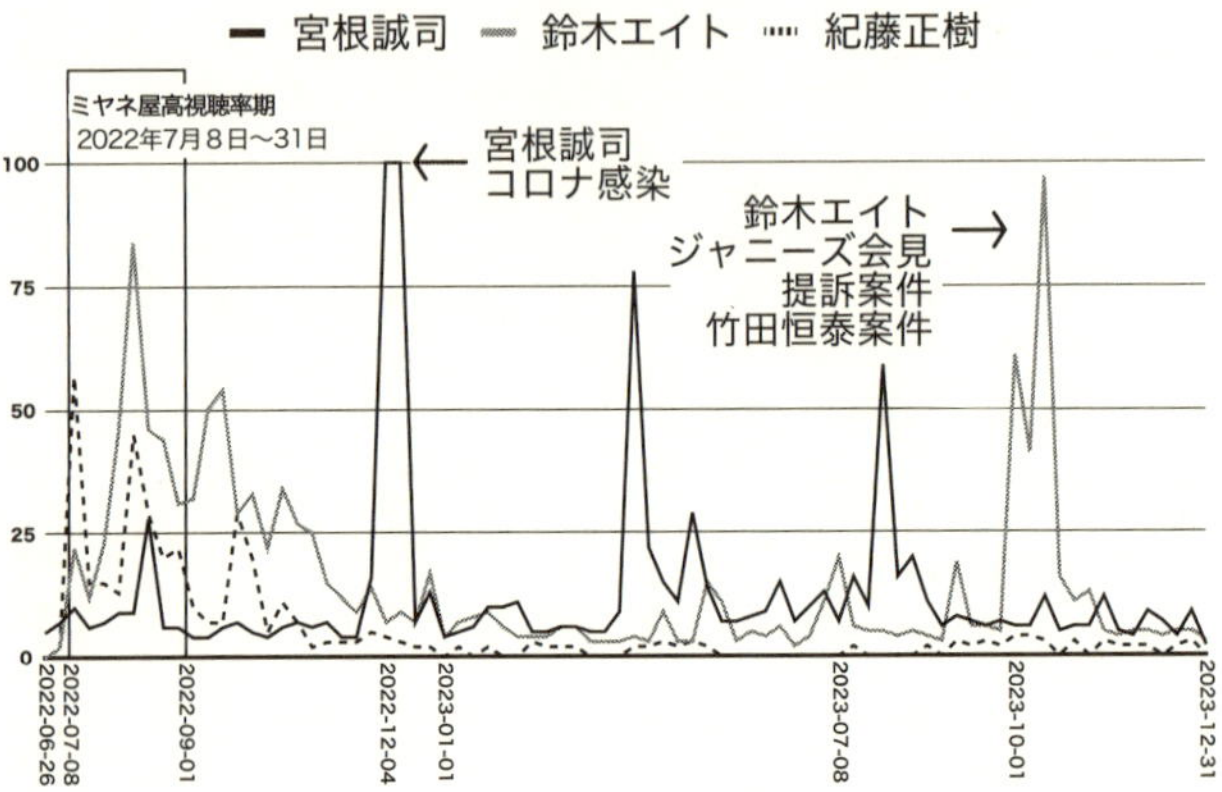

ず低迷している。

宮根氏、鈴木氏、紀藤氏が届けるスキャンダラスなゴシップが待望され、彼ら自身の毀誉褒貶と連動して興味を抱かれていたことになる。これこそミヤネ屋に期待されていたもので、同番組の本質だったと言える。

スキャンダルとは単に悪いできごとではなく、名誉を傷つける失敗、その醜さ、その偽りなど負の印象がつきまとうものである。芸能レポーターの梨元勝氏は著書『噂を学ぶ――学問としてのスキャンダル』（角川書店）で、スキャンダルにはモラルや既存のイメージから「転ぶ」要素があり、「隠れていた醜聞が明るみに出る」ものと定義している。社会が信じ込んでいたり、そうであろうと思い込んでいた枠組みから逸脱して転落する瞬間が「転ぶ」なのだろう。そして「転んだ」人や集団についての噂話がゴシップだ。

ジャーナリズム史の研究者で日本大学法学部新聞学科・大学院新聞学研究科教授の大井眞二氏は『センセーショナリズムを考える：アメリカ・ジャーナリズム史の文脈から』(マス・コミュニケーション研究)で、スキャンダルの内容として「犯罪・暴力的要素」「金銭的要素」「性的要素」を挙げている。統一教会が批判されるときも二世への虐待、献金、合同結婚式(祝福結婚)が持ち出され、このようなことをしている集団と関係しているのは倫理に反すること、醜いこと、恥ずかしいこととされた。

紀藤氏は統一教会(または分派のソロモン派)が信者に売春を強要しているとメディアで話して、教団から事実無根と抗議され訴えられたが、これも「性的要素」を持ち出した例と言える。紀藤氏は、ソロモン派とはどこに存在する何者であるかなど証拠をまったく提示していないので、「売春の強要」にまつわる話はスキャンダルを生じさせようとゴシップを流したにすぎない状態になっている。

「何が悪いのか」「それでどうなったのか」が説明されないのが、統一教会追及報道の特徴だった。紀藤氏の「売春の強要」説ではできごとすら確認できなかったが、耳にした者たちにとって「何が悪いのか」はモラルに反することと意識され、「それでどうなったのか」は各自の想像に任された。こうして世の中は「隠れていた醜聞が明るみに出る」興奮に酔い、教団は反社会的集団の烙印を押された。

スキャンダル志向だったのはマスコミだけではなかった。

統一教会研究の権威である櫻井義秀氏の著書『統一教会――性・カネ・恨から実像に迫る』（中公新書）の内容に「翻訳の剽窃疑惑や不適切な引用があり、誤植、事実誤認、矛盾も数多く確認される、問題点の多いものになっている」とする検証が、言論プラットフォームの『ｎｏｔｅ』に発表された。検証の筆者は「信仰のない統一教会2世」を名乗る東大院生のＴＫＭＴ氏で、櫻井氏の『統一教会』を「一方的な悪意のある解釈」に基づいたものであると指摘する。

指摘とともに同書の問題箇所を読むと、刺激的な出版物を手早く仕上げようとしたのではないかと疑いたくなるほど、初歩的な誤りや研究書とは思えない引用が目立つ。しかも、奇妙なことに宗教学の重鎮である島薗進氏が「教えられるところのきわめて多い書物であり、新宗教研究書としても高い達成度をもった書物である」と日本経済新聞に書評を寄稿している。

統一教会への批判は刺激的なほどよく、誰も内容を検証しないまま鵜呑みにするだろうと学術界までもが考えているとしたら末期的症状を呈しているのではないか。ゴシップを流すことが統一教会分析として通用するなら、学術界の「ミヤネ屋化」、芸能レポーター化と言わざるを得ない。

ワイドショーは視聴者の喜怒哀楽や驚きを刺激するためにあるから当然としても、権力の監視を掲げる新聞記事や報道番組さえ「何が悪いのか」「それでどうなったのか」を伝えずスキャンダルを引き起こすゴシップを流した。統一教会はゴシップのネタとして消費され、関係しているとされた議員らに恥ずかしさを感じさせた結果が解散命令請求だった。

コラム――広く浅く一時的だった統一教会への興味

本文中で原発事故にまつわるデマと関係深い検索ワードの例を挙げて、東京都が特殊な反応を示す傾向があるのを説明した。紹介したのは効果のないサプリメントを売り捌いていた科学者の例だったが、このほかデマにまつわる特殊な言葉や、原発事故後に使われるようになった俗語や蔑称も首都圏を中心に興味を抱かれたいっぽう、地方では無視されていた。

科学的な事実に基づいて安全性を説明する者を揶揄したのが「安全厨」。逆に放射線デマを信じたり不安に囚われている者を揶揄したのが「放射脳」。原子力発電推進側だけでなく科学的事実を伝え不安を取り除こうとした学者を揶揄したのが「御用学者」。これらの特殊な言葉がどこから検索されたかグーグルの機能を使って調べると、「安全厨」「御用学者」は東京都と神奈川県から、「放射脳」は東京都と神奈川県と大阪府からの検索がほぼすべてだった。

統一教会についての興味は広く浅く一時的な傾向が強い。「統一教会」について興味を抱いて検索した人は全国に満遍なくいたが、区市町村単位でみると関心が高かった地域は限られていた。しかも一過性の興味にすぎなかった。

「ズブズブ」という俗語は蔑称としても使われ日本中を席巻したように感じられる。しかし区市町村単位で調べてみると、ズブズブだけでなく、何かがズブズブな関係にあることへ興味を抱いてネット検索をした人の数があまりに少ないため、都市別の順位付けができなかった。

また「統一教会」と「ズブズブ」を結びつけて検索した人がいた都道府県は東京都、埼玉県、神奈川県くらいのもので広く浅くでさえなかった。

しかも、「高額献金」への興味はさらに規模が小さい。

安倍晋三元首相暗殺事件以後、統一教会についての報道が世の中を騒がせたことを日本中の人が知っているのは間違いない。ズブズブという言葉や、これがどのように使うものかも知られている。高額献金と言われて統一教会や宗教を連想する人も多いだろう。

しかし、だからといって日本中が統一教会を四六時中気にしたり、鵜の目鷹の目でゴシップはないかと探し回っているわけではない。このような風潮が多少なりともあったのは、

2022年いっぱいだった。

さらにズブズブなどの流行り言葉は盛んに消費されても、高額献金とは何かを情報収集しようとした人が世の中にほとんどいなかったことから、統一教会報道に熱狂した人々はかなり考え方が単純であったり知力が素朴なタイプだったのではないかと推察される。ズブズブとは、世の中の多様さや複雑さを理解できない人々に、できごとをわかった気にさせる造語だった。しかも多様さや複雑さが一言に単純化されたため、本質が曖昧になり論点が別物へとそらされてしまったのだ。

統一教会二世として被害を訴えた小川さゆり氏の著書が思ったほど売れなかったという証言がある。

彼女への興味を調べると、やはり全国から満遍なく検索されていた。仮名を名乗っていたものの、テレビや雑誌だけでなく新聞でも姿を見せ、露出量はへたなタレントより多かったので全国区の知名度になるのは当然だったろう。ところが興味を抱かれたのは2022年いっぱいから翌年の初頭までで、区市町村単位では興味を抱いた人の数を順位付けできないほど検索数が少なかった。

この数少ない検索の中で、「小川さゆり」と組み合わされて興味を抱かれていたのは「かわいい」「本名」「マスク」「マスクなし」「素顔」だった。かわいい小川氏はマスクが特徴で、本名や素顔への関心が、彼女への興味を支えていたのがわかる。人々はミステリアスな美女を求め、その美女ぶりと、美女が語る物語を消費していたのだ。このため写真より圧倒的に文章の比率が高い著書は、知名度から予想されるほど売れなかったのだろう。あまり複雑に考えず、感覚的に小川氏像を把握したかった層に支持されていたとも言える。

これまでにさまざまな人々を取材してきて、たびたび耳にしたのが「統一教会の美女」の逸話だった。これを語るのは１９９０年代のスキャンダルじみた騒動を知っている世代が多く、当時タレントや著名人女性が信者だったのが驚かれたのと関係しているかもしれない。

「清楚な美女に誘われて行ったら宗教の話をされた」

「いろいろな宗教の信者が集まる機会があった。統一教会は美女が多いのに驚かされた」

「あんな美女に勧誘されたら信者になります」

こうした文脈のうえに小川氏現象があり、彼女が新たな物語を追加したのだ。

このような一連の動向から、原発事故報道を牽引したのは新聞だったが、統一教会追及報道はテレビ的だったと言えそうだ。

原発事故報道は数値や現象をいかに伝えるか、これをどのように評価して伝えるかが重視された。「いかに伝えるか」とは、わかりやすく工夫することではなく、どのイデオロギーの側に立って伝えるかという姿勢の違いだった。たとえば、「年間1ミリシーベルト」の目安について危機感を煽る立場と、不安を取り除こうとする立場があり、こうした立場から情報を伝えるのに新聞が適していて、実際に新聞が報道をリードしていた。

統一教会追及報道では、新聞はテレビにリードされていた。しかもテレビのニュース番組より、ワイドショーや討論番組がリードしていた。

小川氏の美女ぶりと本名や素顔が気になる存在になったのも、彼女の存在をテレビで知った人が多いためだろう。もし彼女が新聞紙上の小さなモノクロ写真で紹介されただけなら、こんな反応は生まれない。

ワイドショーの熱気や勢いが追及報道に熱狂する人々を生んでいたのは説明済みだが、これは新聞には不可能な表現だ。雑誌の場合は、インタビューや対談を得意とするが、劇場型の興奮をライブ感をともなって伝えられず、場外乱闘じみたものは表現できない。統一教会追及報道は感情や、感情の前に心にきざす興奮をいかに伝えるか、これをどのように評価して伝えるかが重視されたと言える。

こうして盛り上げられた統一教会への興味は、原発事故のときのデマや俗語のように広く浅く一時的なものだった。放射線デマも新聞が伝えたものは、広くしつこくいつまでも消えなかったのである。

統一教会追及報道の尖兵だったジャーナリストの鈴木エイト氏が出演しているのだから、ワイドショーも報道番組としての役目を担っていたのだろう。だがワイドショーが伝えたものが興奮だったことを思うと、こうした番組を本書の中で報道番組と丸めて書いてよいか未だに迷いを感じるのだった。

第3章

不寛容と差別の原因を証言とデータで解明する

救われるどころか追い詰められた人たち

チャリティー番組『24時間テレビ「愛は地球を救う」』に参加予定だったアイドルグループが、鈴木エイト氏から「2世信者グループ」とほのめかされ、出演を辞退せざるを得なくなったできごとは、両親の信仰を継承していない人々にも深刻な影響を与えていた。

2022年9月初旬、自治体職員の佐々木さん（仮名）が「人目につかないところで会いましょう」と指定したのは、彼の職場とは別の地域にある町だった。

佐々木さんはカフェの席に着くと、開口一番に「タレントの信仰まで暴露しようとするなんて、いったい何だったんでしょうか。公務員の信者探しが始まったら、たまったものではありません」とこぼした。

インターネット上には24時間テレビを出演辞退したアイドルの写真とともに、彼女たちを信者と断定する記事やブログが複数あった。信仰調査を恐れて神経質になっている佐々木さんを気遣って伝えていなかったが、信者が彼らの信仰を理由にしたさまざまな差別と直面しているのを私は耳にしていた。

「〇〇市で一斉調査されたら、両親の信仰から信者と特定されるかもしれません。『説明すればいい。なんとかなる』なんて気楽に言ってられるくらいなら何も悩みません。アイドルの子たちの暴露だって、言われっぱなしのままです」

身元を追及されそうで怖くなり休眠状態だったフェイスブックのアカウントは削除したが、恐怖はまったく解消されず不安感が高じて日常生活に差し障りが出ていた。不眠が続き、刺激に対して過剰に反応してしまい感情がコントロールできなくなった。職場で唐突な体調不良に悩まされるが、つらさを悟られまいと無理をしてしまう。法務省の人権擁護局に相談したが、自治体にばれるのではないかと身分を明かす気になれず、これでは境遇をうまく説明できないので１度目の相談は不調に終わった。２度目の相談は工夫をして臨んだが、いくら説明しても両親と統一教会が悪いと決めつけられて相談の端緒にすらたどりつけなかった。

佐々木さんは統一教会の教義がどうしても納得できず、信仰心が篤い両親の気持ちを受け入れがたく感じているが、思い通りの大学へ進学させてくれたことには感謝している。

「人権擁護局が役立ったとしたら、自分にとって統一教会への不満は親子の問題で、いま自分を苦しめているのは反統一教会の側のせいとはっきりしたことくらいです」

佐々木さんは鈴木氏がアイドルの信仰をほのめかすまで、「親との関係をどうにかしないといけないという気持ち」から統一教会追及報道を支持していた。

「もやもやした親への気持ちが、マスコミの報道や討論番組を観ているうちにイラッとした気持ちや、怒りに変わっていました。統一教会をつぶせ、もっと暴露しろと興奮していました」

だから、統一教会と縁もゆかりもない人たちが高ぶっていた理由がわかる気がするという。

「実際よりグロテスクに統一教会や信者のことが伝えられていて、これくらい親のこともひどく感じてしまいました。反統一教会の人たちは、見たこともないグロい宗教を発見してしまったのだと思います。これがずっと続いたら、おかしくなります」

佐々木さんは、理想とする親子関係に強い執着があるのが自分の欠点と自己分析しながら両親について語った。

「うちの親をひどい親と思ってきましたが、何が嫌だったのか今となっては曖昧です。教会に献金していますが、プロテスタントの信者が献金する額と比べて特に多くありません。布教で過激な活動もしていません。もしかすると友だちの家は無神論なのに、うちだけが信仰を持っているのが恥ずかしかったのかもしれないし、世の中で悪口を言われる家庭連合だったから嫌だったのかもしれません」

2023年の秋に再び佐々木さんを取材した。彼は精神科に通い投薬治療だけでなく認知行動療法を受けてきた。体調は少しずつ改善されているが、未だに強い恐怖感や不安感に襲われることがある。こうした経験から、自分と同じ二世の立場でメンタルを壊した人だけでなく、反統一教会で興奮して「別の意味で心が別人になってしまった人」がいるのではないかと思うようになった。

「アイドルが信者扱いの暴露をされた理由が、どうしてもわかりません。鈴木氏がツイッターに書いた『信者グループだとしたら興味深い』って、どういう意味でしょうか。暴露騒ぎが原因でメンタルをぼろぼろにされた私のことも、興味深いだけでしょうか。二世を救うという話は、どこへ行ってしまったのですか」

高橋さん（仮名）も両親が家庭連合の信者だが、信仰を継承しなかったので夫とともにほぼ無宗教の生活をしている。こうした二世がどれくらいの割合でいるか彼女は知らないが、「うちだけではないですし、信者を辞めるのは教会に行かなければよいだけなので珍しいとは思いません」と語る。

安倍晋三元首相暗殺事件から始まった統一教会追及は、高橋さんにとって両親を思うと他人事ではなかったが、父親と母親が慌てていなかったので静観していたという。

10月、幼稚園の保護者会でバザーの打ち合わせを終えたあと、他の役員から「運営から離れてもらいたい」と言われた。

「あやふやな言い方でしたが、私が統一教会の信者で、バザー会場で勧誘をすると疑われたみたいです。信者ではないと否定しましたが、おおごとにしたくないので身を引いたほうがよいと言われました」

高橋さんの子供時代を知る人の中に、両親の信仰を知っている人がいる。しかし、実家と高橋さん夫婦の家はかなり離れているので、知り合いが幼稚園に告げ口をしたとは思えなかった。

「信者ではないことの証明書なんてありません。ほんとうに困りました。次の日も子供を通園させるかと思うと、気分が悪くなって吐きそうでした。夫は『馬鹿らしいから転園するか』と言いましたが、最終的にそうするとしても、もうどうしたらよいかわかりませんでした」

高橋さんは自分の態度や話し言葉や見かけに、信者っぽい特徴があるのかもしれないと心配になった。中学生のときクラスで始まったいじめでは、「くさい」と言われ続けた同級生が本当に悪臭を放っていると思い込んで心を病んでしまった。同じことが自分にも起こっていて、このままではいじめられていた同級生のように自殺未遂まで追い詰められてしまうかもしれないと正気を保とうとした。しかし自分自身への疑心暗鬼を取り除くことができず、喋ったり外出するのが恐ろしくなった。

高橋さんが園の役員に対して態度を保留して、子供を通園させずに自宅で面倒を見ていると、今度は夫の会社がコンペのためのプロジェクトチームから外された。元請けからもっともらしい理由が説明されたあと、その会社が統一教会関連企業や信者を取引先から外すため興信所を使った調査を行ったらしいとわかった。

「どうやって調べるのかわかりませんが、きっと日本中で同じようなことが起こっていたのではないでしょうか。もしかしたら全国から調査結果を集めて、差別用のデータベースがつくられたのかもしれません」

幼稚園の役員会で、高橋さんは嫌われてもよいと覚悟して「信者ではない」と強く宣言した。高橋家の暮らしぶりを知っている他の役員が「違うに決まってる」と言ってくれた。

夫の会社は取引先を一つ失っただけで済んだが、いつまた同じようなことが起こるかわからない。

「苦しめるのがわかっていたので、このことは両親には何も言いませんでした。だから、公開するとき私の名前は仮名にしてください」と高橋さんは言った。

「騒動が少し落ち着いてから、信者に信仰を捨てさせるための監禁とそっくりなことに気付きました。信者の親に監禁をそそのかす人は、家族を分断します。ひどい目にあって分断されても、信者は自分を育ててくれた親に前科をつけるのをためらって警察には訴えない場合があります」

いくつもの分断が発生していた。強制的に棄教を迫る拉致監禁は親子を分断した。統一教会追及報道は、教団だけでなく信者までも日本の社会から分断した。高橋さんの家族が、地域社会や地域経済から分断された。高橋さんと両親の関係も、ひとつ間違えば分断されていただろう。

「何が悪いのか」「どのような影響を与えたのか」がないまま行われる統一教会をめぐる分断は、「くさい」とレッテルを貼ってターゲットを追い詰める子供たちのいじめと変わらないものだった。

私が「幼稚園の役員や、旦那さんの会社を取引先から外した企業を許せますか」と問うと、高橋さんは沈黙したあと「ぜったい許さないと思う気持ちが、いまも私を苦しめています」と言った。

若い二世信者や、信仰を継承していない二世たちを取材しているとき、アカデミアに属している人が「統一教会の信者は入学試験で差別される」と教えてくれた。

中学入学と同時に韓国へ留学する二世信者がいる。彼らが高校を卒業して帰国子女枠で国内の大学を受験すると、面接で「ある質問」をされ、答え次第で合否に影響が出る。この信者判別法が大学の教員に共有されているというのだ。「ある質問」は、信仰調査や思想信条調査とは違うものだった。信者に与えられがちで、隠しようのない特徴について質問されるもので、あまりに単純な方法なので広く知られると濫用されるのは間違いない。

こうした「選別」と「差別」が事実としたら大問題だ。しかし、政治家が率先して関係断絶で排除を肯定しているのだから、「選別」と「差別」がアカデミアで行われていても驚くべきことではないのかもしれない。

帰国子女に限らず大学入学後に、ゼミや大学院や学会で統一教会の信者であるのがわかると差別的な扱いを受け、冷遇され排除されるため信仰を隠し通さなければならないと語る証言は多い。信仰を継承していない二世たちも、信仰していない証明が困難なため出自を徹底的に隠している。高橋さんの事例のように、知らないうちに信者とレッテルが貼られて何らかの不都合を被っている学生や研究者がいないとは誰も断言できないだろう。

「ツイッターにアカウントを持っていて意見を公開しているのに、マスコミは声をかけてきません」

「カルトの専門家が連れてきたり、マスコミが取り上げる二世は、二世の代表ではありません」

「なぜか、大学内の差別は無視されたままです」

「私たちのことを知らないなら怠慢ですし、知っていて無視しているなら偏向報道です」

二世を救うというお題目はどこへ行ってしまったのかと問いかけているのは、佐々木さんだけではなかった。

報道から排除された信者たち

統一教会追及報道には「何が悪いのか」「それでどうなったのか」が欠けていただけではなかった。

２０２２年8月、東京新聞は［統一教会関連の相談、安倍氏事件後に急増　6月8件→8月１０２件　正体隠し、不安あおる勧誘今も］と題して、統一教会のコンプライアンス宣言（教会改革）は名ばかりとする記事を掲載した。この記事には「全国統一協会（教会）

被害者家族の会」の資料に基づく相談件数の推移を表すグラフが掲載され、7月は6月までの約12倍の94件、8月（26日まで）は100件を超える相談が寄せられたとしている。

コンプライアンス宣言によって社会規範に反する行為が皆無にはならなかっただろうが、あたかも6月までの相談件数がまやかしで、7月以降が実態であるかのような表現は適切ではない。

7月以降、統一教会と自民党を糾弾する報道が激増したのは前述の通りで、報道によって刺激を受けた人々が窓口に殺到して相談件数が増えたと考えるのが妥当だ。

正体隠し伝道について語られた部分も、事実より印象を重視した表現になっている。正体隠しとは教団名を名乗らなかったり、本人の知らぬ間に信仰を植え付ける行為とされ、違法となる判断基準は判例に従うべきところだが、報道では漠然と「正体隠し」と書いてあるだけだ。だが取材で統一教会以外の宗教家に伝道方法について質問したとき、「正体隠し」を明確に定義できた者はなかった。宗教家が定義できなかったり、見解が分かれるのだから一般人はなおさらわからないだろう。

日常的な会話から信仰心が芽生えるのは珍しいことではなく、これを正体隠し伝道とされたり、後々騙されたと言われても困るというのが少なくない数の宗教家の本音だ。「カメラで録画しておかないとまずいですね」と困惑ぎみに冗談を口にする宗教家もいた。「正体隠し」と書きっぱなしで、内容を読者の想像に任せる報道は無責任と言わざるを得ない。

事実を実際より拡大して見せたり、読者の想像に任せる報道が統一教会追及では日常茶飯事だった。教団の広報は、事情説明をしても報道機関が取り上げないと証言している。これが事実か統一教会のホームページに掲載された反論や告知リリースを確認すると、まったくと言ってよいほど報道に反映されていなかった。

反論と事情説明が取り上げられないのは教団だけではない。「報道されている二世の発言は偏りがある」と指摘した二世信者の多くが、「親や教会が発言しようとしても話を聞いてもらえません」と言っている。

小川さゆり氏は、統一教会と親の被害に遭ったと訴える二世の代表としてマスコミに扱われている。本名非公開で活動する小川氏は、2022年7月からTBS系の報道で証言を始め、10月に日本外国特派員協会で会見、12月に参院消費者問題特別委員会に参考人として出席、翌年3月『小川さゆり、宗教2世』を小学館から上梓した。

2023年の告発本出版前から、小川氏の発言には違和感があると信者だけでなく信仰を継承していない二世らが取材時に語っていた。告発本出版後は、被害として強調されていたできごとが著書で紹介されていない点を怪しむ声があがった。

明らかな間違いと指摘する人が多いのは、1988年10月の韓国メッコール工場での合同結婚式で、文鮮明氏が「借金してもいいし体を売ってでも献金を、日本はアダムの国である韓国に捧げなければならない」と述べたとされる証言だ。教会長であった小川氏の父親が、文氏の上記の言葉を礼拝の場で紹介して献金を集めたとする証言はあり得ないと言う人と、そのような集金はなかったとする人もいる。

ジャーナリストの福田ますみ氏は月刊『Hanada』2023年3月号［両親が覚悟の独占告白25ページ！「小川さゆり」の真実］と、同誌2023年6月号［誰も書かない「小川さゆり」の虚言【批判を許さない空気は司法でも】］で、前記した文氏の発言と献金集めのほか、親が高額献金をしていた、介護が必要な祖母に家族で暴力を振るった、教会の教義に反するテレビや漫画、雑誌はすべて否定された、隠していた貯金を母親に全額無断で引き落とされた、教団職員からセクハラを受けたという、いままでの証言が事実ではないと指摘している。

だが小川氏の発言や著書の記述は検証されないままで、他のさまざまな立場の二世たちの証言は日の目を見ることがない。

信者たちは祝福結婚（合同結婚式）報道にも強い不満を漏らしていた。

「教会を通じて紹介された人と祝福結婚で結婚するのが気持ち悪いことなら、昔の結婚はどうだったのかと言いたいです。顔も知らなかった人と結婚したら優しい人だったので幸せに暮らしたというお年寄りの話が、いい話として伝えられています。それなのに祝福結婚で結婚した両親が幸せで、私も幸せなことはマインドコントロールと決めつけられてしまいます」

これは信仰を継承した二世の発言だが、継承していない二世からも次のように指摘されている。

「統一教会が批判されるのは、合同結婚式が気持ち悪いと感じる人が多いからです。私は信仰していないから良さがわからないけれど、両親は仲が良いし、報道で言われているような変態じみたというか、異常な感じはぜんぜんないです。もう少し冷静に報道できないのでしょうか」

差別はどこから生まれたのか

合同結婚式報道への不満は信者家庭の子弟だから感じるものか、それとも報道に何らかの特徴があり読後感に影響を与えているのかを、形態素解析を使用して分析してみた。

分析に使用したのは2022年7月以降に主要マスコミが報道した「合同結婚式」を取り上げた記事だ。特定の報道機関が発信した記事に偏らないよう、グーグルのニュース検索を利用して関連度順に候補をソートさせた。これらのうちから政党機関紙・誌と、見出し違いの同一記事、課金読者以外は読めない有料記事を除いて、1位から20位までを全文抽出した。20位までとしたのは、21位以降に記事の重複と合同結婚式記事としては重要性が低いと思われるものが増えるからだ。

この20記事は２０２２年7月から23年11月までのもので、文字数は計4万６２３０字だった。

抽出した名詞を出現数順に20位まで並べると「合同結婚式」「統一教会」「信者」「参加」「韓国」「相手」「結婚」「献金」「教団」「教会」「文鮮明」「日本」「日本人」「祝福」「夫」「問題」「イベント」「女性」「儀式」「当時」――となった。

合同結婚式を説明するうえで必要な名詞が並んでいるだけだ。20位以下２２５8位まで見ても二世らが不満を漏らす原因になりそうな名詞は特になく、高額献金を連想させる「集金」は2回しか使用されていなかった。

続いて、形容詞を調べてみた。抽出しただけの形容詞をざっと見てみると、平凡な単語と、珍しい言い回しの単語が混ざり合っていたため、頻出順に並べたあと形容詞の重要度で順位付けする「スコア処理」を施した。

抽出した形容詞をスコア処理して20位まで並べると「貧しい」「うら若い」「抜け難い」「逃れ難い」「恐ろしい」「大きい」「離れ難い」「篤い」「幼い」「多い」「ものすごい」「忌まわ

しい」「許可ない」「深い」「正しい」「苦しい」「すごい」「痛い」「いたたまれない」「根強い」——となった。

21位以下50位までも列記すると「難しい」「わざとらしい」「少ない」「厳しい」「強い」「入りやすい」「いい」「ひどい」「小さい」「良い」「悪い」「まずい」「安い」「偉い」「おかしい」「詳しい」「重たい」「遠い」「高い」「とてつもない」「悲しい」「温かい」「うまい」「暗い」「白い」「濃い」「広い」「ほしい」「楽しい」「よい」——となった。

最大の特徴は報道としては例を見ないほど形容詞が駆使され、使われた形容詞が多種多様だった点だ。形容詞は物事の性質や状態などを表す品詞で、主観的な評価に傾く恐れがあるため客観性を重んじる文章で注意深く使用されるのが普通である。しかもネガティブな意味合いを持つ形容詞が上位に位置している。

また形容詞の使用方法が独自だった。抜け難い等の「——難い」型の形容詞が目立つが、これらは「抜けるのが難しい」などと表現できるにもかかわらず、強い印象を与える形容詞が選択されて使われている。「うら若い」は合同結婚式報道では2回だけ使用されているが、どのような文章にも出現する形容詞ではなく、古くさい印象や、文学的な印象がある単語のため、スコア処理で上位に浮上した。グーグルのニュース検索で「うら若い」を検索すると、２０１７年の漫画『ドラゴンボール』のフィギュアについてのニュースサイト「Ｇｉｇａｚｉｎｅ」の記事、２０２０年の死を連想させる花言葉を集めたニコニコニュースの記事、２０２３年の山村美紗原作のサスペンス番組を宣伝するテレビ大阪の記事しかヒットしない。報道では、まず使わない形容詞と言ってよいだろう。

合同結婚式報道はネガティブな意味合いの形容詞や、人目を惹く異様さがある形容詞を使って、合同結婚式そのもの、合同結婚式に関わった人、できごと、背景を恣意的に修飾して、読む者の感情に働きかける文章にしようとしていた。事実のみを正確に伝える報道ではなかったのだ。

一般的な報道手法を取らなかった理由は、犯罪行為を断定する名詞で合同結婚式がネガティブなものであると報道できなかったからだ。もし合同結婚式が法に反していたなら、「犯罪」や「違法」などといった名詞を使用していただろう。しかし合同結婚式報道では、名詞としては「犯罪歴」が1回、形容詞では「違法性」が4回出現したにすぎない。合同結婚式が法に触れる儀式や行為とは断定できないため、統一教会が奇怪なだけでなくモラルに反した反社会的な行為をしていると形容詞で修飾して読者に伝えたのである。

1990年代初頭から2010年代に祝福結婚で結ばれた信者たちは、合同結婚式（祝福式）を次のように説明している。

祝福結婚は、まず教会の講義を受けるところから始まる。

教会に信者として通っていると、「祝福の意義と価値」と題した講義を受ける機会がつくられる。ここに至る前に教会に来なくなることで信仰から離れる人がほとんどで、さらに講義のあと祝福結婚が嫌になったり、別の理由から信仰を捨てる人もいるので、信仰心を固めた人が祝福結婚の候補者になると言える。

講義を受けたあと、祝福式（合同結婚式）の開催が近づくと教会の身近なリーダーから、「相対者が決まりました。この人でよいですか」などと声をかけられてお見合い写真を見せられる。「この人でよいですか」と聞かれることでもわかるように断れるのだ。ある信者は数年にわたってお見合いを断った末に「ぴんとくる人だった」ので祝福を受けたという。

韓国籍の信者に騙されて結婚させられたように報道で語る者もいたが、「相手は韓国の人だけど大丈夫？　断ることもできるけど」「外国で暮らすのがダメなら、断ってもいいよ」などと聞かれるという。こういった問合いの取り方は、一般的なお見合いと変わらない。写真を見せられ了解した信者でも、反応は人それぞれだった。

結婚に期待感が大きかった人は喜びを感じ、祝福を受けることが信仰の目的ではなかった人は特別に大きな感情の盛り上がりはなかったと証言している。

ただし話を聞いたすべての信者が、それぞれが持つさまざまな価値観の中で無視できない信仰（神様）への意識がパートナーと一致するのはよいことだと考えていた。重要な価値観が一致するため「性格の不一致」での離婚が少ないとする証言も多い。

この段階までにお互いが合意できた状態になっているので、紹介を受けたあと会って話をして理解を深める。証言を聞くと、共通項があるため理解が捗るのは一般的なお見合いと変わらないみたいだ。だが、こうした過程を経ずとも理解が深まっているカップルもいるという。既婚者や婚約関係にある2人が祝福式に新郎新婦として参加するケースだ。これは信者と非信者のカップルだった場合で、合意のうえ信仰をともにして結婚式を挙げたり、式を挙げ直すのは他の宗教でもあり得ることなので統一教会だけが異例とは言えない。祝福式の数日前に渡韓し、まず聖酒式を受け、祝福式に出席する。その後、聖別期間と呼ばれる40日間の別居状態を経て同居し家庭を持つ。入籍は同居して家庭を持つとき、それぞれのカップルが行う。結婚相手が嫌だったのに逃げられなかった人がいると報道されたが、入籍する直前に棄教して紹介された信者と別れた人もいるので、逃げられなかったのは教団や祝福結婚だけが原因ではないだろう。貯金するなど準備が必要で、祝福式の2年後に入籍して家庭を持ったという信者もいた。早く籍を入れて同居しろと教会に急かされるわけでもないようだ。

証言で明らかになった祝福結婚の実態は、合同結婚式報道で伝えられた印象とだいぶ違う。報道では有無をいわせず教会が信者の男女を結婚させると伝えられているが、教団の強制力はあまりにも弱い。講義を受け、紹介され、出会い、祝福式を挙げ、入籍と同居までに判断する機会が用意されていて、棄教したり祝福を拒否した人がいても教団が罰したりはしなかった。「嫌だったら、そのままどっかへ行っちゃえばいいんですよ。恋愛して付き合って別れるのと変わりないくらい緩いと思います」と、信仰を継承していない二世は祝福結婚について語った。

「信者は四六時中教会にいるわけではないし、教会に監視されてもいません。ほとんど仕事場や学校や家にいて生活しています。洗脳とか抜け出せないとかは誤解で、むしろ緩すぎるくらいだから勝手なことをする人が昔は多かったと聞いています」

信者が集まって式を挙げる点と、教義の中に位置付けられた結婚の意義を講義で事前に学ぶ点を除くと、他の宗教でも見られる宗教内での結婚相手の紹介とほとんど同じだ。教団として行われてはいないが、創価学会内で信者同士を紹介するお見合いと、このお見合いで結婚する人がいるのは、よく知られている。

前出の信仰を継承していない二世は、「うちの両親や他の家の夫婦を見ると、教団はやたらに相手を紹介していないと思います。バランスとか、ふさわしいかどうか見たうえで勧めているみたいです」とも言った。

合同結婚式が気持ち悪いと思われ統一教会が批判されるのは、報道が変態じみた結婚や結婚式のように感じさせているからだとする二世の意見があった。梨元勝氏は、スキャンダルとはモラルや既存のイメージから「転ぶ」要素があり、「隠れていた醜聞が明るみに出る」ものと定義している。大井眞二氏はスキャンダルの内容として「犯罪・暴力的要素」「金銭的要素」「性的要素」を挙げている。

統一教会の教義に位置付けられた「結婚」と「結婚式」について、報道は事実を伝えることより、宗教でありながら猥褻な行為を信者に強いるという性的なスキャンダルに仕立てようと注力したのだ。

2022年と23年の報道にもかかわらず、名詞「桜田淳子」は13回（61位）、「桜田」は14回（55位）とかなり高い頻度で出現していたのも、合同結婚式報道の特徴だ。未だに桜田氏を持ち出すのは、40代後半から高齢者世代に30年前のスキャンダルを蒸し返す意図があるのだろう。30年前に報道機関が作り出した紋切り型の「報道フレーム」を金型にして、スキャンダルを生産しているのだから、祝福結婚の実態や教団が行ったコンプライアンス宣言（教会改革）の成果はなんとしても知られたくないに違いない。

「統一教会は邪悪なカルト集団で、彼らと自民党がズブズブな関係になって被害が出ている」とするお約束の見せ方が、政権を動かし政治を動かすうえで重要だった。この報道フレームの元になったのが、「統一教会はモラルに反した教団。信者はモラルに反したことをする」という報道フレームだったのだ。

統一教会の二世について伝えたり論評する報道を、合同結婚式報道と同様に形態素解析をして分析すると、「統一教会はモラルに反した教団。信者はモラルに反したことをする」という報道フレームが、二世報道にも影響を与えているのがわかった。

分析に使用したのは２０２２年７月以降に主要マスコミが報道した「統一教会」の「二世」を取り上げた記事だ。検討に用いた20記事は２０２２年８月から24年３月までのもので、文字数は計５万６１９６字だった。

抽出した名詞をスコア処理後に20位まで並べると「２世」「統一教会」「小川さゆり」「宗教」「教団」「信者」「教会」「献金」「仮名」「両親」「信仰」「信教の自由」「教義」「虐待」「脱会」「小川」「子ども」「祝福」「ゴンさん」「会見」——となった。（注・ゴンさんはエホバの証人の二世）

抽出した動詞をスコア処理後に20位まで並べると「訴える」「苦しむ」「受ける」「生まれる」「求める」「育つ」「語る」「信じる」「向き合う」「思う」「認める」「離れる」「続ける」「話

す」「向ける」「抱える」「育てる」「加える」「いく」「集める」——となった。

抽出した形容詞をスコア処理後に20位まで並べると「生きづらい」「響きにくい」「逃れ難い」「貧しい」「苦しい」「根深い」「過ごしづらい」「つながりにくい」「上げにくい」「悔しい」「正しい」「幼い」「か黒い」「ほど遠い」「ほしい」「見えづらい」「深い」「すごい」「幅広い」「おかしい」——となった。

統一教会の二世報道とは、統一教会二世の小川さゆり氏が「教団」「信者」「教会」「献金」「教義」「虐待」の被害を訴えるもので、二世は「生きづらく」「逃れ難く」「貧しく」「苦しく」「悔しい気持ち」を抱えて生きていると伝えるものだったのだ。

２０２２年の秋から私は教団を頼らず信者や二世、信仰を継承しなかった子弟らを取材してきたので、有力な報道機関が「お約束」通りの証言とは違う体験や考えを語る関係者を取材できなかったとは思えない。二世らは「ツイッターにアカウントを持っていて意見を公開しているのに、マスコミは声をかけてきません」と訴えてもいる。このことから報道機関は「報道フレーム」を強化できる小川氏の証言を繰り返し伝えたいっぽうで、フレームを無意味にする他の証言を排除していたのは明らかだ。

こうした行為を正当化したのが、「統一教会はモラルに反した教団。信者はモラルに反したことをする」という紋切り型のお約束だった。裏返せば「被害者の証言は間違いなく正しい」となり、検証されることなく小川氏ばかりが取り上げられ、他の信者らの証言どころか存在まで無視されたのだった。

これは信者を差別する行為だ。

棄教者を重視または尊重し、信者を軽視または蔑視している。社会全体との関係においても、信者の証言は価値がないばかりか有害視されたのではないか。

日韓の構造変化と民族差別としての統一教会差別

藤倉善郎氏が設立し鈴木エイト氏が主筆を務めるカルト問題専門のニュースサイト「やや日刊カルト新聞」は２０１２年10月30日に【ソコイジＮＥＷＳ第４回】さよなら文鮮明」を掲載し、統一教会本部に設けられた文鮮明氏弔問会場の様子を漫画でルポしている。

漫画は書籍のページに相当するＰ１．ｊｐｇとＰ２．ｊｐｇで構成され、弔問会場に入ってからを描くP２の冒頭で藤倉氏のキャラクターが「芳名録にちらと〝衆議院議員〟って見えたような。売国クズ野郎め」と喋っている。同ページでは、壇上で泣きながらスピーチしている女性に「アイゴーアイゴーの泣き女文化圏のカルトですからね」「馬鹿チョンカルトのボスに下げる頭はもってない」というセリフもある。また文鮮明氏とおぼしき人物の顔は明らかに侮辱的な筆致で表現されている。

藤倉氏のキャラクターが漫画内で発言した「馬鹿チョン」は、半端者を意味する江戸言葉の「チョン」と解釈できないこともないが、前後の文脈から推して朝鮮人差別に用いられる蔑称として使われたのは間違いない。

インターネット匿名掲示板の「したらば掲示板」には、「福岡在住統一教会信者のバカチョンびん太を撃退するわよ！」と題するスレッドが２０１２年12月５日に立てられ「人間の屑にしてカタワ、リアルど底辺。おまけに、ナマポ不正受給者の上に醜いダウン症民族出身！屑キムチババァのびん太をお仕置きしちゃう待望のスレが避難所に降臨！！トンスル中毒の穀潰し下女汚マンコのびん膣は、殿方に相手にされない恨みで、今日も○形面を醜悪に歪ませながら同性愛者を侮辱しています！！この朝鮮系在日犯罪者のびん膣に正義の裁きを下しましょっ♪」と書き込まれている。

インターネット匿名掲示板の「爆サイ」にも、「糞チョンカルトに洗脳されたバカは自業自得、自己責任！」と題するスレッドが2022年12月6日に立てられ「糞朝鮮カルトなんかに洗脳されて家庭崩壊、自己破産、何があろうが自己責任、自業自得！　二世も多少は気の毒ではあるが金銭を好き勝手にさせておいた責任は大きい、二世も自己責任、自業自得！」と書き込まれている。

またツイッター（現X）にも「チョン」と「カルト」を用いた差別意識を剥き出しにした投稿がある。

掲示板の投稿を読めば、現代人が「チョン」さらに「カルト」と書かれていたとき何を思うか明らかである。

ちなみに「【ソコイジNEWS第4回】さよなら文鮮明」掲載漫画のセリフなどを形態素解析して名詞をスコア処理すると出現上位は「馬鹿チョン」「郷に入っては郷に従う」「ソコイジニュース」「アイゴーアイゴー」「芳名」「主筆」「藤倉」「文ちゃん」「カルト」「拙著」——となった。また、出現傾向が似た単語を似たものから順にグループ（クラスタ）としてまとめる「階層的クラスタリング」処理をすると、最後まで似たものがない単語として「馬鹿チョン」が残った。「馬鹿チョン」は唐突に登場した、極端に異質で、目立たせたかった単語だったのだ。

私は作家で経済評論家の邱永漢氏から、小説やエッセイでの表現について「シナ、シナそばという言葉があります。シナはチャイナですが、なるべく使ってほしくない言葉です」と言われたことがある。邱氏は差別を盾に取って言葉狩りをしようとしていたのでなく、語源はともあれ世の中が蔑称として使用した記憶が鮮明な中、当事者がいる間は考えたうえで使ってもらいたいと希望を述べたのだ。たとえば放射能汚染を意味する「ベクレてる」に新たなポジティブな意味が登場するかもしれないが、当事者が存命中であったり、記憶が生々しい間は使用を控えてもらいたいのと同じだ。

これまで同漫画は一般の人々から批判を浴びてきたが未だに放置されている。放置しているのは、「やや日刊カルト新聞」、藤倉氏、鈴木氏の統一教会批判が民族蔑視に基づいたものだからだろう。

国内の報道機関も「やや日刊カルト新聞」の民族蔑視漫画にとどまらない差別体質を知っ

ているはずだが問題視していないので、朝鮮人差別と差別に根ざした統一教会差別を容認し賛同していることになる。これはこれ、それはそれとするなら、過去に多発したとされる「高額献金」といわゆる「霊感商法」は現在の統一教会とは別の話となるのではないか。

現代日本にとっての朝鮮人蔑視は、１９７０年代から80年代にかけてのキーセン観光を抜きにしては考えられない。１９７３年に韓国で売春婦に許可証が与えられ、積極的に海外旅行客を受け入れる動きにつながった。これによって１９７１年に９万人台だった日本人観光客は、79年には65万人余りに増え、このうち85％が男性だったとされる。１９８９年にソウル市警が組織暴力団がらみの売春営業を摘発したことでキーセン観光は衰退するが、この時代に成人していた日本人にとって韓国はキーセン観光の国であり、後ろめたさを感じながらも人権が軽視されてもしかたない国と意識されていたところがある。

神戸親和女子大学教授の菅野圭昭氏は『研究論叢』25号「孫基禎と『消えた国旗』」に、「本来，「朝鮮人」というのは，その人の民族を表現するニュートラル（中立的）な言葉であり，「アメリカ人」「日本人」と同じように民族の区別を表わすだけの表現であろう。朝鮮という呼称は朝日に鮮やかな国という意味であり，麗しい呼び方であった。しかしながら，我々日本人は「朝鮮人」を蔑称として使おうとした歴史を有している。そこで，「朝鮮人」という表現を使うことに躊躇する人もいて，差別意識がないのだという証しのつもりで，「朝鮮の人」と言ったりするのである。今なお私たちの周囲で，神経を使ったつもりで「朝鮮の方」とか「朝鮮の人」とか言う人がいるのはそのようないきさつがあるからである。」と書いた。これは桜田淳子氏の合同結婚式参加がスキャンダル化した1992年に発表された論文の一節だ。

この年の1月に従軍慰安婦について朝日新聞が「軍の関与があった」と報道して、報道の5日後に当時総理だった宮澤喜一氏が訪韓して反省とお詫びの気持ちを表明し、7月に政府が「いわゆる従軍慰安婦問題について」(第一次政府調査結果)を発表。さらに1993年、河野洋平官房長官が発表した談話（河野談話）で「当時の軍の関与の下に多数の女性の名誉と尊厳を深く傷つけた問題」と指摘した。

8年後の2001年3月に韓国の大田広域市にある忠南大学の学生133人（日本語を学習した者とそうでない者とが含まれる）を対象にした、「チョーセンジン」呼称につい

ての認識を調べる調査が行われた。問い「(조선인) チョーセンジンという言葉について。何の意味だと思いますか？　よく分からない人は推測して書いてください」に対しての回答は、韓国人の蔑称35・３％、朝鮮人の蔑称25・６％、朝鮮人36・８％（うち朝鮮人の日本語読み６・０％）、無回答２・３％という結果になった。このうち「(조선인) チョーセンジン」を最初に知ったのはいつか問う質問への回答は、小学校41・９％、中学校32・３％、高校13・７％、大学６・５％、その他５・６％だった。韓国で１９８０年代に生まれた前期Y世代は、おおよそ１９９０年代に「チョーセンジン」を知ったことになる。

１９９０年代は日韓関係に構造的変化があった10年だ。１９８９年まで続いた東西冷戦時代に、日本にとって韓国は反共の防波堤で、かたや韓国は日本に経済協力を求めていた。このため統一教会と関係深い国際勝共連合の存在感は両国で現在より大きく、両国は決定的な関係悪化を避ける態度で外交摩擦を回避しようとしていた。こうした状況は冷戦終結後に様変わりして、日本では安全保障上の危機感が薄れ、韓国では日本への経済依存度を下げる動きが現れ、両国間に大きな外交摩擦が発生するようになった。なかでも前述した慰安婦問題は、後に朝日新聞の捏造報道が明らかになっても両国民の自尊心を刺激し続ける火種になった。

キーセン観光に端を発する戦後の韓国観、東西冷戦の終結と反共意識の変化、依存・共存関係の消滅、慰安婦問題。こうした微妙な意識を両国民が抱いていた1992年に、報道が統一教会をめぐるゴシップを淫猥な印象漂うスキャンダルに仕立てたのだ。差別、反感、反日感情が新時代に突入するとき発生した、あるいは発生させたできごとだったと言えよう。

コラム――統一教会像への矛盾した期待

グーグルで「合同結婚式」を検索しようとすると、入力欄に次のような候補が表示される。「合同結婚式　気持ち悪い」「合同結婚式　芸能人」「合同結婚式　ハズレ」「合同結婚式　初夜」「合同結婚式　費用」「合同結婚式　いつ」「合同結婚式　当たり」「合同結婚式　桜田」「合同結婚式　離婚率」。これらが教えてくれるのは、信者が語る祝福結婚の実態とかけ離れたものを期待する世の中の視線だ。そして合同結婚式が取り沙汰された１９９２年当時も人々の好奇心が似たようなものだったのを、ゴシップを書き殴っていた週刊誌の見出しからうかがい知ることができる。

だが、スキャンダル前後の統一教会は純潔運動を展開する宗教団体としても好奇の眼差しを向けられていた。純潔運動は、他のキリスト教系の宗教や保革問わず母親たちの団体も行い、結婚まで性交渉を控え一夫一婦制を守ることを教える禁欲教育の重要性を訴えていた。しかし、報道で名指しされるのはいつも統一教会だった。

1992年の平均初婚年齢は男性28・4歳、女性は26・0歳だった。この前後の世代が、どのように時代を生きていたか振り返ってみようと思う。

彼らの思春期から青年期にかけて社会現象にもなったドラマが『3年B組金八先生』だった。『3年B組金八先生』で女生徒の妊娠をテーマにした「十五歳の母」を放送したのが1979年で、出産まで五つのストーリーで構成された「十五歳の母」の視聴率は最低でも18%台、最大で30%台に達した。「若者の性が乱れている」と言われた時代だった。

この6年前、フォークグループ『かぐや姫』の『神田川』がヒットしている。『神田川』は恋人同士だけの貧しい暮らしを歌う、後に四畳半フォークと呼ばれるジャンルの端緒だが、前年の1972年には上村一夫氏が漫画『同棲時代』で1間きりのアパートで同棲生活をする若い男女の愛と性を描いている。

前出のベテラン放送作家は上村氏や作詞家の阿久悠氏と広告代理店で同僚だった時期があり、この人脈で私は阿久氏を紹介された。放送作家と阿久氏が語る上村氏の逸話や70年代の様相から、『同棲時代』が虚構ではなく時代の空気をそのままに表現した作品だったのを知った。

１９６０年代、同棲はふしだらなことで、裏社会的な後ろめたい自堕落なものだとされていた。ところが『同棲時代』または上村氏が影響を受けたという林静一氏の漫画『赤色エレジー』の頃になると、都会に出てきた若い男女が恋愛感情をもとに同棲する例が目立ってきたという。統計を確かめると、１９６０年代の後半は見合い結婚の件数と恋愛結婚の件数が拮抗している。１９７０年代前半はいきなり恋愛結婚が60％台になり、このまま増加して１９９０年代前半までに80％を超えた。

１９９０年代は、恋愛や結婚が輝きを放った時代だ。

１９９１年には「東京では誰もがラブストーリーの主人公になる」を番宣キャッチコピーにして、ドラマ『東京ラブストーリー』が放映された。平均視聴率22・９％、最高視聴率32・９％だった。

キャッチコピーのように力まなくても、生きていれば恋愛くらいするだろうと私は漠然と考えていたが、「違う」と総合出版社の編集者にはっきり否定された。恋愛マニュアル本が何冊も出版され、週刊誌や月刊誌が恋愛特集を組むのは「恋愛が普通のこととは言えないからだ」と彼は言った。恋愛しなくてはいけないのに、どうしたらよいかわからない人に向けて、書籍や特集を作っているのだという。また、「親たちが見合い世代なら、その子供世代が恋愛のしかたがわからなくて当然だ」と言ったのは、失恋した知人だった。しかし恋愛して結婚するのが普通で、見合い結婚は日本の旧弊と、いつの間にか信じ込まされていた。

1993年に、結婚情報雑誌『ゼクシィ』が創刊された。恋愛結婚があたりまえとされるようになり、式場や引き出物を親たちが主導して決めるのではなく、当事者カップルが決めるようになった変化が創刊の背景にあった。このため同誌では、先輩カップルの体験談や、費用を抑える方法などが継続的に掲載されていた。

『ゼクシィ』を読んで「親御さんは蚊帳の外か」とつぶやいたのは、かつて私が勤務していた会社の退職を目前にした人だった。祝福結婚に猛反対したり、テレビ番組や雑誌を見て強い憤りを覚える理由の何割かが、息子や娘の結婚にまったく関与できないことへの危機感だったのかもしれない。

こうした時代に「純潔を重視する変な宗教」「合同結婚式をやる淫らな宗教」と矛盾をもの

ともせず統一教会が騒がれたのだった。

ところがアメリカには、「統一教会は淫らな宗教」というイメージはない。

これはUPF（ユニバーサル・ピース・フェデレーション）のイベントにトランプ前大統領がビデオ出演したり、2022年版に限らず国務省の『信仰の自由に関する国際報告書日本に関する部分』で教団の置かれた危機的状況を紹介する書きぶりからもわかる。

アメリカ人に「Family Federation for World Peace and Unification」についてどう思うかと聞けば、保守派の宗教と答えるかもしれないし、知らないと首をかしげられるかもしれない。

2012年に福音伝道師ビリー・グラハム氏の伝道協会が、ホームページからモルモン教（末日聖徒イエス・キリスト教会）、統一教会などをカルトとする記述を消した。すると、三位一体を否定するほか独自の聖典を持つなど異端とされてきた末日聖徒イエス・キリスト教会をキリスト教と認めるのかと問われる事態になり、同協会は「私たちは、大統領選挙キャンペーン中に政治化される神学論争に参加したくないので、この情報をウェブサイトから削除しました」と取材に答えている。共和党の大統領候補ミット・ロムニー氏が末日聖徒イエス・キリスト教会の信者だったのだ。

このとき統一教会が「淫らな宗教」として論争に巻き込まれることはなかった。また、一連の経緯はキリスト教徒が国民の4分の3を占めるアメリカでのカルト論争の実情や政治との関係を端的に表している。

統一教会への反応が日本だけ特殊なのは、教団側にも責任の一端があるものの、それだけではないと間違いなく言える。

第4章

政治に弄ばれた教団と社会

統一教会追及の構図と構造

報道は何を意図して何を伝えたのかを明らかにして、統一教会追及への熱狂が生み出された構造を解明してきた。

統一教会追及報道は、「何が悪いのか」「それでどうなったのか」を欠いた政権追及報道だった。

政権を追及するため、きわめて少数の人々による熱狂が過大に評価されていた。人々を熱狂させたのは統一教会についてのゴシップで、スキャンダルをもとに政権追及が行われた。

統一教会についてのゴシップが不寛容と差別を生んでいた。

当事者を、救われるべき人と、排除されてもしかたない人に分断した。

統一教会は奇怪なだけでなくモラルに反した反社会的な行為をしているので、教団と信者は差別されて当然とする「常識」をつくったのは、30年前のスキャンダル報道だった。

30年前のスキャンダルは、日韓間の構造変化を背景として発生したか、発生させたできごとだった。

以上のすべてに、報道機関が関係していた。

これが解散命令請求に至った背景だ。


では、報道は何をしたのか。

統一教会追及は、鈴木エイト氏、紀藤正樹氏らオピニオンリーダーと報道機関が、エビデンスを示さないまま「教団が日本の政治を支配して、被害を与えている」と印象を振りまいて騒動を左右したできごとだった。エビデンスだけでなく「何が悪いのか」「それでどうなったのか」も示されることがなく、ゴシップを語るのと何ら変わらない報道だった。

数多くの報道機関が同じ論調で報道したため「教団が日本の政治を支配して、被害を与えている」という「報道フレーム」と、政権は批判され教団は社会から排除されなければならないとする「メディア世論」がつくられた。

「メディア世論」は二つの虚像を生んだ。情報の虚像と、世論の虚像だ。

情報の虚像は、実態とかけ離れた統一教会像と自民党像や政権像でできていた。世論の虚像は、「メディア世論」が国内世論そのものであるかのように政権に思わせ、政権に自らの正当性を疑わせた。また人々には、統一教会と政権に不満や不安を感じてあたりまえで、統一教会追及が主流派であり正義であると感じさせた。

どちらの虚像もスキャンダラスな内容だったので、負の感情を抱えた動揺しやすい人たちを刺激した。また、不寛容と差別を正当化した。刺激された人々は、オピニオンリーダーと自民党を批判する政党や政治家を激しく支持した。支持を得たことでオピニオンリーダーと政党や政治家は活気付き、マスコミは市場が生まれたと確信して報道量を増やした。二つの虚像は日増しに巨大化

【図11】

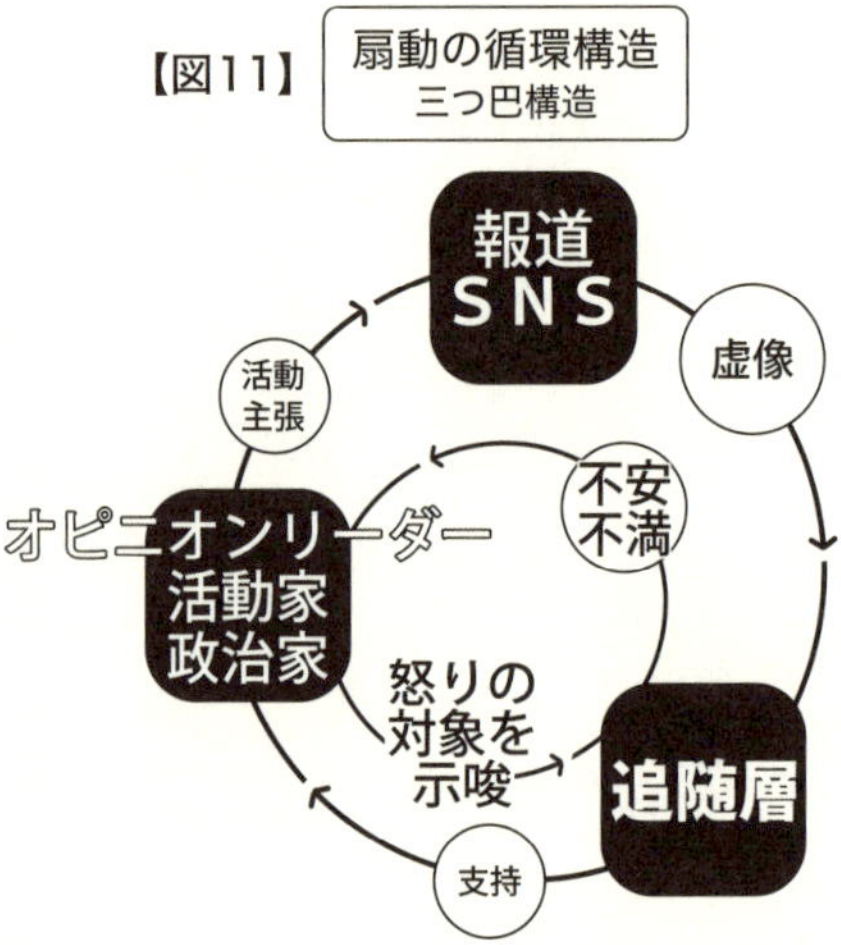

【図12】扇動の循環構造からメディア世論へ

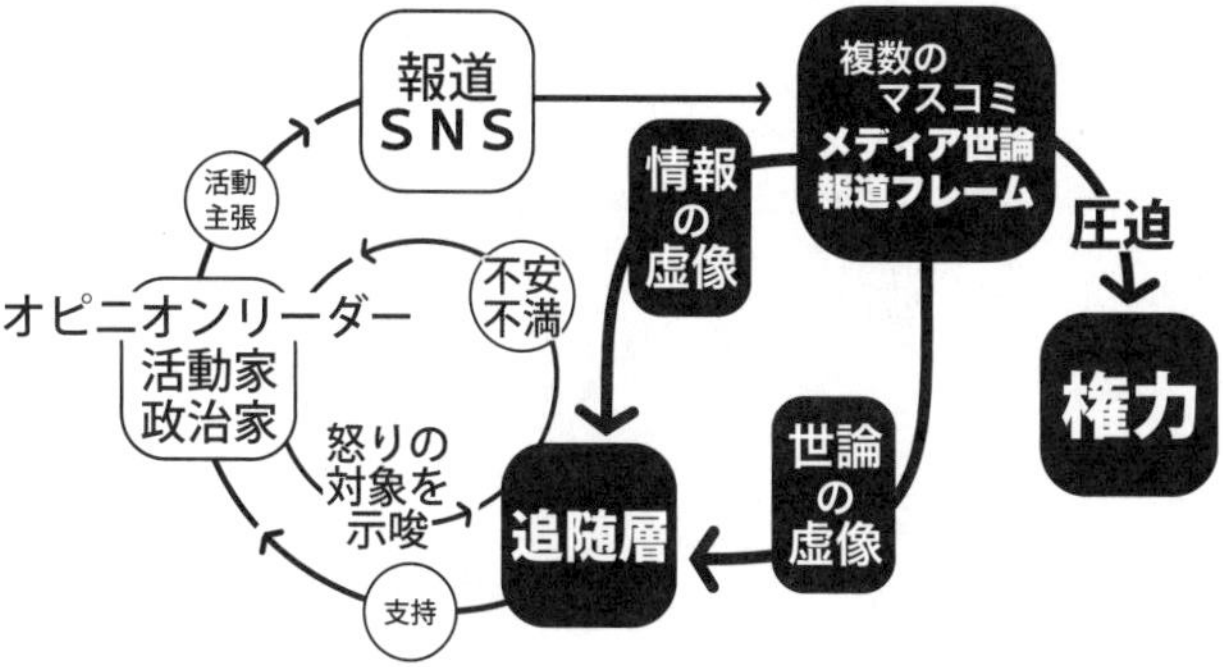

し、動揺しやすい人をますます刺激した。

　このオピニオンリーダー、報道、追随層が形づくる三つ巴の循環構造が、報道を暴走させる原動力だった【図11】【図12】。

　統一教会追及は自民党政権と政局を混乱させる政治運動であっただけでなく、統一教会の信者から人権を剥奪するほか、宗教法人の解散を目的とした社会運動でもあった。

　三つ巴関係の内部に、追随層の義憤に対してオピニオンリーダーが怒りをぶつける対象を指し示す、もう一つの循環構造があった。義憤は統一教会と自民党や同党議員、このほか彼らにとって不都合な主張をする者へぶつけられた。だが義憤があっても、感情を言葉にできなければ怒りをぶつけることができない。そこで、言語化が苦手な人々は用意されていた「カルト」「壺」「ズブズブ」という言葉を使った。「エビデンス」「何が悪いのか」「それでどうなったのか」はどうでもよくなっていた。

このように統一教会追及に熱狂していた追随層が多数派に思われたが、実際には一部地域に集中したきわめて数少ない人たちだったのを、グーグルのビッグデータとミヤネ屋の視聴率が教えてくれた。統一教会追及は「メディア世論」によって国民の総意と思い込まされていたのだ。

東日本大震災時の原発事故でも、「報道フレーム」と「メディア世論」によって、情報の虚像と世論の虚像がつくられ、三つ巴の循環構造によって報道が暴走した。

このときは活動家や左派政治家がオピニオンリーダーになり、マスコミとともに「原発を停止させ政権と東電を糾弾しなくてはいけない」と世論を誘導した。動揺しやすい人々の不満や不安に、鼻血、奇形、がん発症などのスキャンダラスなデマを届け、国と東電に怒りの矛先を向けさせ、社会を分断して、さまざまな風評被害を起こした。「原発推進派」「安全厨」「御用学者」「ベクレてる」などが、「壺」「ズブズブ」と同じく言語化が困難な人たち御用達の言葉だったように、政治運動かつ社会運動だったのも、動揺層が多数派でなかったのも統一教会追及の一部始終と同じだった。

私は避難する必要のない関東からデマに騙されて自主避難した人々の問題に関わり、避難者が転居先で破滅していく様子を目の当たりにした。また福島県を取材して、当事者たちから話を聞いた。

統一教会の信者たちと自主避難者や福島県の人々は立場と状況が違うものの、個人がメディア世論の矢面に立たされ、政治運動と社会運動に翻弄され、平穏な生活が奪われただけでなく人権まで侵害されたのは変わりない。信者の多くが反社会的な行動をしていないにもかかわらず責められたように、被災地は欲に目が眩んで原発を誘致して日本中に迷惑をかけたのだから自業自得とされたのも似ている。

いま日本国内が異常な状態になっているのを、アメリカの外交政策を担う国務省が懸念している。同省の２０２２年版『信仰の自由に関する国際報告書　日本に関する部分』では、ウイグル人やロヒンギャ族迫害問題とともに、統一教会追及の経緯が暗殺事件から順を追って取り上げられている。しかも、国連の理事会に提出された「信者が不寛容、差別、迫害の被害者になった」とする声明が引用された。

「メディア世論」の影響を受けない海外から、統一教会追及はこのように見えているのだ。

隅々まで同調圧力に満たされた社会

統一教会は奇怪なだけでなくモラルに反した反社会的な行為をしているという「常識」のようなものが、統一教会追及の同調圧力を生んだ。そして岸田文雄首相と自民党の議員は、三つ巴の循環構造が生んだ虚像と印象操作に怯えていた。

議員と統一教会の関係者が接触していたと追及されたとき、率直に「何が悪いのか」「それでどうなったのか」と問い返せば済んだはずだが、質問や反論をしなかった皺寄せが同党と政権のみならず統一教会と信者へ向かった。「何が問題か分からない」と言ったのは、衆議院議員の福田達夫氏だけではなかったか。

自民党の国会議員を支援している男性は、「私なんかは『いま統一教会なの?』から始まりました。いったい何がどうなっているのか、私たちだけでなく先生方もわからなかったみたいです。あっと言う間に、自民党が土俵際から押し出された感じでした」と、暗殺事件から国葬儀を経て関係断絶宣言に至るまでの議員周辺の様子を語った。

「盛山（正仁）文科相が独断で解散命令請求を決めたりしないと思いますが、あとから統一教会との関係が暴露されたのを見ると、ばれるのを恐れて焦っていたのではないかと感じます。ものすごい勢いで自民が押されているなかで判断したことですからね」

冷静な判断が難しかったのは世論の勢いのせいだけではなかった。

「このとき、統一教会が悪質だと『常識』にされていました。でも、こんなことをみんなが言い出したのは、報道が騒ぎ始めてからではないですか。昔からそうだと言われても、こんなことを5年、10年前にみんなが、いつも言っていましたか？　先生方が統一教会について知ろうと近づくと『ズブズブ』と言われるわけでしょ。『洗脳』されたとも言われてしまう。信じていいのは、反自民の人たちの意見だけ。これでは身動きが取れないですよ」

報道関係者や国会議員の周辺にいる人々には、岸田氏が安倍派の勢力を削いだり一掃するため統一教会追及報道を放置しているとする見方があった。警戒心や不信感が漂い、党内が混乱していたというのだ。

これは国会だけの心理や風潮ではなかった。

支援者の男性は「私は信者ではないが」「統一教会は大嫌いだが」と何度も言ったが、この予防線は現在に至るまで教団について何か言わざるを得ないときの定型句にさえなっている。世の中が統一教会とのズブズブ関係に神経質になり監視社会化した現れと言ってよいだろう。


宗教家も怯えていた。

ある既成宗教（伝統宗教）の宗教家に、解散命令請求をどのように考えるか公開を前提としたインタビューを行ったところ、後日「発表しないでもらいたい」と求められた。発言したのが誰かだけでなく、どの宗教かわかっただけでも、激しいバッシングを受けかねない。統一教会を擁護していると思われてレッテルを貼られたら、宗教界だけでなく社会での死を意味する。このように言われ、インタビューの記録をすべて消去した。彼が独自の視点から統一教会や文化庁の対応について語っていただけに、「もの言えぬ雰囲気」の重大さを痛感するできごとだった。

他の宗教家も本音が公表されることに慎重にならざるを得ないらしく、取材をするうえで信頼関係を取り結ぶのにたいへんな苦労をした。このような中、新興宗教の宗教家A氏は「ぺらぺら喋るのが宗教家の仕事なのに、喋らない人が多いでしょう。これが宗教界の現実です」とざっくばらんに語りかけてきた。

A氏は「出る杭は打たれるというのだけは避けたい。いっしょになって石を投げないやつらは、あいつらの仲間だから攻撃しろ、こんな問答無用な状態です」と語った。彼が属している宗教は、反カルト宗教を掲げた人々から「興味本意で目をつけられているので、迂闊な発言ができない」と肝に銘じている。

「カルト問題の専門家に嫌われたら、統一教会のようになるということです。隙を見せたら付け入られるのです」

A氏はカルト問題の専門家について次のように考えを述べた。

カルト問題の専門家とは、宗教を蔑視して叩く商売だ。彼らは、冠婚葬祭業に成り果てた既成宗教を取り上げない。世俗的ではない珍しいものや、珍しい考え方を、危険なものと言ったり笑いものにして叩くのがカルト問題の専門家だ。世俗側の人たちは、異質なものを叩くためカルト問題の専門家を支持して、専門家は同調圧力を利用している。いままでも世俗と違う考え方や行動をしているというだけで、一方的にカルト呼ばわりされて迷惑だったが、教団と信者が偏見に耐えていれば済んでいた。しかし、いまは違う。何が起こるかまったく予測できなくなった。

「目をつけられたら文化庁が出てきて宗教が存亡の危機を迎える前例を、統一教会の解散命令請求がつくってしまいました。政治家の疑心暗鬼と世の中の同調圧力に、文化庁まで巻き込まれたのです」

またA氏は、朝日新聞が解散命令請求について宗教法人の見解を報じた2023年10月12日の記事「『信教の自由の侵害』『やむを得ない』解散命令請求に各宗教団体は」を読んで、「予想通りの答えが揃っている」と感じたという。

「なぜ朝日は今頃になって、賛否やさまざまな意見があると言い出したのでしょうか。もちろん言わないよりよいですが、アリバイづくりのように思います。さまざまな意見は、統一教会が最初に会見したときからありましたよ。質問権行使のときもありましたよ。賛否を公平に問うべきでした」

　A氏の心配は尽きない。

「宗教法人さえ簡単に潰せるとはっきりしたから、ほかの分野にも影響がおよびます。ほかの分野とは、内心の自由や表現の自由に関わるものや教育関係の分野です。岸田政権は、ここまで深く考えていないでしょう。怯えてしまい、深く考えず決めたところが恐ろしいのです。反カルトや反カルトを利用した人々は、問答無用で次の標的を破壊します」


　伝統宗教の宗教家B氏もA氏同様に「解散命令請求だけでなく、去年（2022年）の夏から統一教会について表立って発言する宗教関係者が出てこないのがすべてを物語っている」とし、「いま何か発言しても、誰にとっても得になることはありません」と言った。

　B氏は、統一教会追及と性的少数者の権利拡大運動が似ていると指摘した。

「話し合いが成り立たず、決めつけが激しいのは、LGBTQの運動でも同じではありませんか。ツイッターでゲイ当事者に神主が糾弾されているのを見たことがあります」

　ゲイ当事者を名乗る人物と、アライ（Ally。レズビアン、ゲイ、バイ・セクシャルなど、性的マイノリティに理解を示す人）が神主に同性愛を認めるか、神社では性的マイノリティの結婚式を受け入れるかと迫っていた。相手をしていた神主は、同性愛者を神社から排除することはないが、彼の神社では性的マイノリティの結婚式は受け付けていないと答えた。するとゲイ当事者とアライは、理解や協力を求めるのではなく、神主を激しい言葉で罵倒した。これと同じことが、統一教会について発言すれば発生するとB氏は言った。

「自分たちの宗教も、どこで揚げ足を取られるかわかりません。統一教会についての報道から学んだのは、揚げ足取りが始まったらブレーキがかからないし、ブレーキをかけようとすると、きっと裏目に出るということです」

私が「そうなったとき、黙って見守るのですか」と質問すると、B氏は「いまのところ名案がありません」と言った。

こうしたB氏の発言を神主であるC氏に伝えると、「宗教が100年、1000年単位で培ってきたものを、急に変えろと言うのは随分じゃないですか。私の神社では、どんな人が来ても歓迎します。でも宗教の大切な部分にある結婚式について判断するのは、なかなか難しい。それなのに、いますぐ目の前で変えろと言われる。別の宗教を信仰して、結婚式を挙げるのではダメなのでしょうか。私たちは引き留めたりしませんよ」と戸惑いを隠さなかった。

またC氏は統一教会のホームページを読んで自分の目で確かめたと言い、「できてから月日が浅い宗教だったとしても、信仰のルールを変えるのは難しいから、改革は悩んだうえでのことだと思います。献金ひとつとっても、世の中と折り合いをつけて、平和にやっていこうってことです。これでも文化庁から一蹴されたのだから、私がこんな感想を言うのさえ、あとでどう判断されるかわかりませんね」と語った。

また「信仰してみたけれど後悔した、献金を返せという言い分が認められたら、いったいどうなるのでしょう。御神札《おふだ》を買った人が、ぜんぜん家内安全じゃないとか。交通安全のお守りを持っていたのに、事故を起こしたとか。地鎮祭をしたのに、工事でトラブルがあったとか。こういう人が神社でお金を返せと言うのと、どこが違うのでしょう。おかしさに気付いた一般の人も、言い出せなかったのと違いますか」とも言った。

A氏の心配は、インタビューから1カ月半後の2023年12月に現実のものとなった。KADOKAWAがアビゲイル・シュライアー氏の『IRREVERSIBLE DAMAGE』を翻訳のうえ発売しようとすると、LGBTQ活動家と彼らに同調する左派・リベラル政党の関係者によって出版が阻止されたのだ。しかも同書を読んだことのない人々が「ヘイト本」「嘘ばかりの内容」と主張した点は、統一教会追及で「何が悪いのか」「それでどうなったのか」知らない人々が「壺」「ズブズブ」と口にしながら熱狂していたのと酷似している。違いは、オピニオンリーダーや活動家の主張を国がくんで解散命令請求に至ったか、オピニオンリーダーや活動家が直接手を下したかだけである。

この取材でインタビューに答えられる宗教関係者を探してくれた女性は、統一教会追及とLGBTQに関連する話題について、どちらも「怖いから、人前では何も言いたくない」という。

「女性の風呂やトイレに、体が男性の人が入ってきたらどうしたらよいのかと女優の橋本愛さんが問いかけただけで大炎上しました。あんなことになったら、私は耐えられません。だから疑問や意見があっても、家族の前以外では喋るのをやめようと思いました。統一教会の話も同じです。後々、自分に困ることが起こるかもしれませんが、諦めるしかありません」

取材に協力することが、彼女にとってせめてもの同調圧力への抵抗だった。

安倍の悪魔化から岸田首相を狙ったテロへ

統一教会追及報道は、間違いなく同調圧力に訴える政権追及報道だった。世の中の空気で圧力をかける様子は、左派またはリベラルが後に展開したＬＧＢＴＱの運動とそっくりだった。参加した陣営が同じなら、賛同して同調圧力を生み出したり利用した人々も同じだった。

統一教会と自民党の悪事の根拠とされたのが、安倍晋三が民主主義を破壊している、安倍は独裁者であるとする評価だった。この評価が報道機関ばかりか政界から一般人に至るまで共有されていたため、統一教会追及が自民党議員と教団の関係暴露に偏っても当然とされた。

安倍氏を民主主義を破壊した独裁者と決めつけ、彼に対してなら何をしてもかまわないとしたのが、いわゆる「安倍の悪魔化」だった。安倍氏は暗殺されたあともなお、「妖怪の孫」とされて映画まで制作されている。首相在任中は持病を揶揄されただけでなく、デモではゴム製の似顔マスクを重機で踏み潰されたり、日本共産党の赤旗まつりで顔にヒトラー髭のいたずら書きをされた写真をドラムに貼られて叩かれている。

こうした行為を実行したり支持したのは前述の日本共産党だけでなく、新左翼、過激派、立憲民主党、労組、市民団体などの人々で、極左、左派、リベラル層だった。

2023年、安倍氏の選挙区だった山口4区補欠選挙に立憲民主党から出馬した有田芳生氏が「下関は統一教会の聖地」と演説したのは、死後も繰り返された安倍の悪魔化の例である。

2017年、有田氏は安倍氏が都議選最終日に応援演説する場所をツイッター（現X）に公開し、翌日「「聖地」が「墓標」に変わる画期的な街頭演説会が始まります。」や「ムリして作る笑顔がひきつっています。さて次は総理の演説です。これほど街頭でヤジられる総理は前代未聞」と投稿。すると、反差別団体の対レイシスト行動集団（しばき隊）が呼応して選挙活動を妨害した。妨害が行われたあと、有田氏は「「あんな人」発言を引き出した「7・1秋葉原の乱」の功績は画期的です。」とツイッターに投稿している。

猪瀬直樹氏が「テレビで見たけれど、あの『安倍辞めろ』コールはプラカードなどから、日本共産党の組織的な行動ですね。ところが普通の視聴者には『辞めろ』はあたかも都民の声と聞こえてしまう」とツイッターに投稿すると、有田氏は「猪瀬さん、日本共産党の行動では全くありません。『3・11』からの反原発運動、ヘイトスピーチ反対のカウンター、安保法制反対運動、最近でいえば共謀罪に反対する市民のクラウド的な新しい動きの延長線上に生まれたものです。それは現場にいる者なら容易に理解できることです」と反論した。対レイシスト行動集団代表の野間易通氏は「彼は我々の代表」と有田氏との関係を明言しているので、妨害活動は曖昧な「クラウド」によるものではなかったはずだ。

悪魔化されている安倍氏や自民党になら何をやってもよいとする認識から、報道機関は組織的な選挙妨害を表現の自由と位置付け、「あんな人」発言をした安倍氏側をそろって批判した。ところが、2024年の衆議院議員補欠選挙でつばさの党が左派・リベラル陣営の候補者の活動を妨害すると、報道機関は表現の自由とは言わず民主主義を脅かしていると批判した。つばさの党幹事長の根本良輔氏は公職選挙法違反の疑いで家宅捜索されたことについて、ツイッターに「候補者以外の安倍へのヤジが合法な時点で、候補者である俺らが違法なわけがない」と投稿した。安倍氏や自民党への選挙妨害を表現の自由と位置付けたことで、つばさの党による大音声の暴言や乱入行動を生む土壌がつくられたのだ。

みなさん、あのように人の主張の訴える場所に来て演説を邪魔するような行為を、私たち自民党は絶対にしません。私たちはしっかりと政策を真面目に訴えていたいんです。憎悪からは何も生まれない。相手を誹謗中傷したって、みなさん、何も生まれないんです。こんな人たちに、みなさん、私たちは負けるわけにはいかない。

これが「あんな人」発言とされた安倍氏の演説だ。この5年後、憎悪から安倍晋三元首相暗殺事件と、爆発物が投げつけられた岸田文雄襲撃事件が発生した。

妖怪から妖怪の孫へ壺へ

安倍晋三元首相暗殺事件から8カ月後の2023年3月、映画『妖怪の孫』が公開された。報道メディアが権力に対峙する様子を描いたという映画『新聞記者』の制作会社と、菅義偉氏のポーカーフェイスの裏に隠された本心を探ったという『パンケーキを毒見する』の監督が、日本の真の影に切り込んだ政治ドキュメンタリーと宣伝された作品だ。

『妖怪の孫』のキャッチフレーズには「『昭和の妖怪』と呼ばれた母方の祖父・岸信介（元総理）。幼心に「祖父の教え」として刷り込まれた野望を実現しようとする政治姿勢と、その背景にある血縁と生い立ちの秘密。」とあり、安倍氏の出自への並々ならない関心と憎悪がテーマだったのは間違いない。

なぜ、ここまで出自が問われなければならないのだろうか。

安倍氏を批判するときの常套句だった「独裁者」は、60年安保改定の立役者だった岸氏へも向けられていた蔑称だった。岸氏が改定を進めた新安保条約は、1951年に締結された条約の不平等を解消するものだったが、安全保障条約が破棄されず延長される点を左派は問題視して、彼を独裁者と位置付けたうえで「民主か独裁か」と闘争を激化させた。しかし条約は成立し、抗議運動の暴徒化は国民の左派離れを促し、ここから左派政党の弱体化が加速した。

テレビ番組について語った前出のベテラン放送作家は、「安保反対で戦っていた左派政党と知識人の敗北感は、選挙の大敗北なんて生やさしいものではなかった。もう何をやったらよいかわからなくなっていた。こんなとき学生運動をやっていた連中の就職の受け皿が、新聞よりテレビ業界だった」と言った。

社会学者の清水幾太郎氏は『諸君』1977年6月号「安保後の知識人」で争点を見失った左派知識人について、「最初、経済成長の過程で国民生活が豊かになって行く事実をあれこれと否認していましたが、そのうち、否認し切れなくなると、貧困は諦めるとして、今度は、貧困に代わるものを探し始めました。何か探し出さなければ、国民は幸福になっているということになり、「現体制」――というのは、全く曖昧な言葉ですね――でよいということになり、シュンペーターの謂わゆる「批判的精神」の使い道がなくなるわけでしょう。そこで、探し出されたのが、例の「疎外」という観念です。」という有名な発言を残した。この記事に編集部が添えた「六〇年安保を機に知識人は分裂に直面し、高度経済成長以後はなすところなく当惑している」とする一節は、現在でも十分に通用する内容だ。

左派は1950年代半ばから始まる高度経済成長に際してなすところなく、60年安保で大挫折を味わい存在意義を見失ったため、彼らにとって岸氏は不倶戴天の敵となった。さらに岸氏、笹川良一氏、児玉誉士夫氏は、文鮮明氏が組織化した国際勝共連合を日本にも設立している。

安倍氏の父方の祖父、安倍寛氏は非戦・平和主義の立場を貫徹させた政治家だが「リベラル政治家の孫」「東條英機に対抗した男」の孫とは呼ばれない。左派が「安倍寛の孫なのに……」とさえ言わなかったのは、安倍氏自身の姿勢より、リベラル政治家の孫であるのを認めたくないほど岸憎しが先立ったからだろう。

岸氏の安保改定から10年、1970年に期限満了を迎えることになった日米安保条約が自動延長するにあたり、再び左派によって反対闘争が始まった。70年安保は世論の関心が低かっただけでなく、全共闘と日本共産党系団体や、新左翼党派の同一陣営内での暴力抗争が激化したため、国民の左翼離れが進み闘争は自滅した。しかも、安保延長が争点ともなった1969年の総選挙では自民党が議席を伸ばし、反対を唱えた社会党が50議席減らして、再び左派は大挫折を味わった。

左翼活動家の中に、原子力村ならぬ「安保村」という耳慣れない造語を使う人たちがいる。安保村は岸批判を前提に安倍氏の「戦後レジームからの脱却」批判を展開して、政治家のみならず官界、安全保障の専門家や産業界も揶揄している。安保村を唱えているのは70年安保以後に生まれた世代で、彼らにとっても安保闘争の敗北と挫折がもたらす屈辱は過去のものではないようだ。

70年安保闘争から生まれたのが、共産主義者同盟赤軍派だ。この組織から派生した日本赤軍の指導者で、オランダのフランス大使館が武装占拠されたハーグ事件に関与した重信房子氏は、次のように安倍晋三元首相暗殺事件を評している。

この間の安倍暗殺事件は、驚かされました。この国の一人ひとり、特に安倍政権に成って以降の政策で報われない人々が生活のしづらさにマグマのような憤怒や激情を抱えている現実を実感する思いでした。この被疑者の行為の原因こそ裁かれるべき政治社会問題です。統一教会の今も続くあくどい現実と自民党の癒着と利権の宗教政策がはっきり社会へ伝わって欲しいです。安倍元首相の死によってさらに安倍路線が踏襲され、憲法改悪、軍事国家化、独占企業優遇と対米依存がさらに深まることを危惧します。

「民主主義国家でこんな殺人は許されない」とマスコミ政界はじめ全国民的規模で語られています。その中身が安倍元首相の讃歌、英雄化と一体に語られているところに疑問を感じます。「犯人は安倍元首相が宗教団体と関係があると思い込み」という表現ひとつに既に公平さを失った見方が振りまかれています。

（以上、FUSAKO SHIGENOBU　Fusako's Blog「オリーブの樹ジャーナル」２０２２年７月22日より）

重信氏の主張は、暗殺事件から統一教会追及までのすべてのできごとを正当化する言説の集大成のようだ。存在意義を見失ったとき、新たな救済の対象と救済の術を見出すのを諦めて過激化した極左らしい、エビデンスを一つも例示できないアジテーションだ。

コラム――安倍独裁はどのように伝えられたのか

私たちは「安倍独裁」という言い回しを頻繁に耳にしているため、報道や論評がどのように安倍氏と独裁を結びつけて伝えてきたか忘れたり、気にしなくなってしまったのではないか。

そこで政治家や政党と「独裁」がどの程度、どのように結びつけられてきたか、主要報道機関各社がツイッターに投稿した記事紹介文を調べてみた。

２０１０年から２０２２年までに、「安倍」「独裁」を含む安倍氏の言動や政策を批判的に伝えた記事や論評の紹介文は16件あった。この基準で調べると「自民党」「独裁」は3件、「菅（義偉）」「独裁」は5件、「岸田」「独裁」は0件、「民主党」「独裁」は0件、「鳩山」「独裁」は1件、「菅（直人）」「独裁」は0件だった。

報道機関別に見ると、毎日新聞系10件、産経新聞10件、時事通信2件、朝日新聞1件、読売新聞1件、共同通信1件だった。毎日新聞は自民党と自民党議員批判が多かった。産経新聞は民主党批判が多いものの、自民党と自民党議員に向けられた批判を含むものも掲載していた。

主要報道機関は「安倍独裁」を思いのほか報道していないうえに、ツイッターで紹介していない。「安倍独裁」をもっとも報じていたのは、日本共産党の機関紙『しんぶん赤旗』で2015年から2020年までに13件の記事があった。

これらのうち産経新聞が2018年5月3日に掲載した［落合恵子氏「安倍内閣は嘘ばかり。独裁者に破滅を」］と、しんぶん赤旗が2015年7月24日に掲載した［徹底審議と国民運動で戦争法案を必ず廃案に　民主主義守れ、独裁政治許すな、安倍政権打倒を　志位委員長が会見］がどのような内容だったか形態素解析で分析してみた。

［落合恵子氏「安倍内閣は嘘ばかり。独裁者に破滅を」］は、憲法改正反対を訴える市民団体の集会を取材したもので、メーンスピーカーとして最初に登壇した作家の落合恵子氏のスピーチを紹介したものだ。

抽出した名詞を出現数順に20位まで並べると「私たち」「内閣」「平和」「嘘」「日和見菌」「安

倍内閣」「破滅」「憲法」「集会」「狼」「人権」「反対」「命」「声」「醜悪」「腸内フローラ」「独裁者」「従順」「改悪」「支持率」——となった。

抽出した名詞をスコア処理して20位まで並べると「日和見菌」「私たち」「内閣」「改竄」「醜悪」「腸内フローラ」「貧困率」「諸々」「優性」「そんたく」「独裁者」「安倍内閣」「唯々」「各党」「イージスアショア」「従順」「破滅」「小選挙区制」「悪玉菌」「落とし前」——となった。

これらのうち「安倍独裁」を具体的に示しているかのような「貧困率」「イージスアショア」は「沖縄を苦しめ、1機1億800万のイージスアショアなどを米国から喜々として買って国内では貧困率や格差を拡大している」という発言で使用されていた。

たとえ話のための「日和見菌」はスピーチに3回使用され、「腸内フローラ」は2回使用されたが、「貧困率」「イージスアショア」は1回だった。

スピーチで使われた名詞の特徴から、世相を騒がすできごとを話題にしているものの、独裁との因果関係は示されず、たとえ話が中心のスピーチだったのがわかる。

動詞は出現数だけ見ても発言の特徴がわかりにくいのでスコア処理したものを10位まで並べると「あらがう」「はためく」「手渡す」「刻む」「苦しめる」「従う」「差し出す」「生む」「か

かわる」「続ける」――となった。「あらがう」は一般的ではない動詞にもかかわらず4回使われているので、落合氏がスピーチのポイントとして目立たせたい言葉だったと言える。

では「日和見菌」のたとえ話は、安倍独裁の内容と「あらがう」必要性を説くためにどのように使用されたのだろうか。

一方では支持率まだ30%あるんですよ。（世論調査によると）現内閣下における憲法の改悪については昨年よりはるかにアップして58%の人が反対を表明をしている。やっぱり支持率も下げないと。（略）平和と命と人権が今日のタイトルですが、それらをかくも長い間陵辱してきたのは安倍内閣ではありませんか。そのことにしっかりと私たちは落とし前をつけていきたいと思います。（略）あらがうことは私たちが生きている証であり、誇りであるともう一度心に刻んでいきましょう。（略）おとなしく従順な羊の国は狼の政治を生むといった人がいました。たしかベーコンだったと思うのですが、けさベーコンを食べた人もいらっしゃるのではないかと思いますが。私たちはおとなしく従順な羊であってはならないはずです。（略）話がころっと変わりますが、最近話題の腸内フローラをご存じだと思います。腸内フローラの全体の中で、善玉菌というのは20％だそうです。悪玉菌は10％。じゃあ残りの70％はなんなのか。日和見菌ってホントだそうですよ。なんかの『％』にとても似ているなと思いつつ、日和見菌をノックし続けるつもりです。日和見菌は優性になった方につくそうなんですから、私たちは私たちの声を上げ続けていきましょう。（略）もう一度繰り返します。あらがうことは私たちがこの国に生きる証であり、同時にあらがうことは私たちが次や次やそのまた次の世代に手渡していく生きる姿勢であり、思想であると心に刻んでいきましょう。頑張りましょう

わかりにくいかもしれないが、落合氏は７割の人たちの態度を反政権に向くように訴え続けるとしか言っていない。

しんぶん赤旗の「徹底審議と国民運動で戦争法案を必ず廃案に――」は志位委員長の会見を書き起こしたものだ。

抽出した名詞を出現数順に20位まで並べると「安倍政権」「法案」「戦争法案」「国民」「問題」

「説明」「論戦」「審議」「発展」「参院」「打倒」「抗議」「動き」「行動」「60日ルール」「国民運動」「TPP」「廃案」「衆院」「阻止」——となった。

抽出した名詞をスコア処理して20位まで並べると「戦争法案」「60日ルール」「論戦」「国民運動」「法案」「TPP」「廃案」「参院」「衆院」「ヤマ場」「審議」「議決」「安倍政権」「打倒」「独裁政治」「強行採決」「包囲」「抗議」「採決」「発展」——となった。

志位発言の特徴は、「安倍政権」を繰り返し口にしているにもかかわらず、「戦争法案」「60日ルール」「論戦」「国民運動」「TPP」が目立つところにある。

抽出した動詞をスコア処理して10位まで並べると「たたかう」「ほかなる」「消し止める」「つくりだす」「背く」「即す」「そそぐ」「たとえる」「のべる」「噴き出す」——となった。このうち「消し止め」「即す」は出現回数1回であるにもかかわらず、あまり一般的な動詞ではないため順位を上げていて、「安倍政権」と「安倍首相」の動向を伝える箇所で次のように使われている。

この問題で、安倍政権は、非常に深刻な行き詰まりに直面しています。強行採決後の国民の激しい批判を受けて、安倍首相は、この間、民放テレビに出演し、法案の説明をやりました。しかし、「模型」までつくって「戦争」を「火事」にたとえて説明する姿はあまりにひどいものでした。「火事」は消し止めれば済みますが、「戦争」は武力行使をすれば相手から反撃されるわけです。根本的に性格が異なることを「例え話」に使って説明するのは、安倍首相が法案について国民に説明するまともな論理も能力もないことを、自ら告白するものにほかなりません。法案の説明をするなら、法案の論理に即した説明をするべきで、あのような軽い、そして的外れの例え話で済む問題ではありません。

ひきつづき論戦で徹底的に追い詰めていきたい。

ここは全文中で唯一「安倍政権」や「安倍首相」について具体的に説明をしている箇所だが、映像的な凝った話し方をしているものの、状況が目に浮かぶだけで打倒しなければならないほどの独裁政権とは思えない。なぜなら、安倍氏の独裁政治とはどのようなものか語られていないからだ。「戦争法案（平和安全法制）」や「ＴＰＰ」の話を盛り上げるため、打倒安倍独裁を持ち出したのが志位氏の会見だったと言える。

落合氏だけでなく志位氏も、安倍独裁とは何か具体的に説明していない。「何が悪いのか」「それでどうなったのか」が抜け落ちたまま糾弾されたのは統一教会だけではなかったのだ。

第5章

運動に弄ばれた信者と社会

宗教はなくなってもよいという「常識」

統一教会追及が自民党政権と政局を混乱させる政治運動であっただけでなく、統一教会の信者から人権を剥奪するほか、宗教法人の解散を目的とした社会運動でもあった。政治運動と社会運動は、どちらに比重がかかっているかさまざまだとしても不可分な関係にある。これを前章で「統一教会追及の構図と構造」として説明した。

政治運動としての統一教会追及は「権力は腐敗するもの」「自民党は腐敗している」とする認識を、世の中の常識のように取り扱って展開された。だから「何が悪いのか」「それでどうなったのか」を欠いた政権追及が可能だった。常識はいちいち説明する必要がなく、常識をもとにした主張は声の通りがよい。

追及報道で次々と議員と教団の関係が暴露されていたときの様子を、自民党議員の支援者は「あっと言う間に、自民党が土俵際から押し出された」と表現したが、同党が激しく抵抗しなかったのは、「腐敗」していると言われ続けてきたことへの慣れと、こうした批判に耐えるのが習慣化していたからかもしれない。慣れていない日本共産党は、吉川美代子氏に「(今までの統一協会問題に何も言わないで)急に言い出すっていうのは、パフォーマンスっぽい」と批判されると、しんぶん赤旗で猛抗議を繰り返している。

いっぽう社会運動としての統一教会追及は「宗教はなくなってもよい」「強い信仰心は有害」とする認識を、世の中の「常識」として取り扱って展開された。常識はいちいち説明する必要がなく、常識をもとにした主張は声の通りがよいので、かなり歪曲された教団像が受け入れられたり、批判の限度から逸脱した誹謗中傷や人権侵害がまかり通り、教団解散を求める声もすんなり受け入れられた。また、これが常識だとされている背景があるから「やや日刊カルト新聞」の民族差別漫画がまかり通っているとも言える。

統一教会追及の本質を理解するには、日本固有の宗教観を知る必要がある。

固有の宗教観とは、自らを無宗教と定義して自称する日本人が少なくない点だ。宗教を信じていない日本人は、おおよそ70%程度ではないかとされている。

イギリスのケント大学(University of Kent)の心理学者、社会学者、文化人類学者のチームが取り組む［不信仰理解プログラム（The Understanding Unbelief programme）］が、ブラジル、中国、デンマーク、日本、イギリス、アメリカで、1国あたり1100人を対象として宗教離れについて行った調査で、どの宗教で育てられたかという質問に日本人の70％が「無宗教」、14％が「わからない」と答えている。

この結果から、日本の70％（もしくは「わからない」を勘案して80％程度）が無宗教家庭としても大きな間違いはないだろう。だからなのか「信者」という言葉は、特殊な教義を信じる「カルト宗教の信者」を表す言葉としてさえ使われている。

いっぽう文化庁が2022（令和4）年現在の状況として公開している統計では、日本の総信者数は1億6299万1299人で、国内の宗教系別信者数の割合は神道系51・5％、仏教系43・4％、キリスト教系0・8％、諸教4・3％だった。

無宗教を自称して宗教を信じていないとする日本人だが、多くが神道系または仏教系の宗教法人の信者（氏子や檀家）であり、両者だけで約95％を占めている。

これでは「無宗教を自称する日本人は、宗教に属しているが、属しているものは宗教ではなく、それでも信者である」というおかしなことになる。だが、宗教施設で冠婚葬祭が行われているのに出席したり、催されているのを見たりした実感からは、字面通りの無宗教とは到底思えない。

では自称無宗教の日本人にとって、何が宗教なのか。

信者数の割合が1％程度にすぎないキリスト教など一神教と新興宗教、もしくは特定の人物が特定の教義を唱える「創唱宗教」（ただし既存宗教としての仏教以外）が宗教なのだ。

神道系または日本の仏教系宗教は、アニミズム（精霊信仰）の影響下にあるほか先祖崇拝を行っている。たとえば神道では巨大な岩などや祖先を霊的存在であるとして畏れ、祟りがないよう鎮め、これによって平穏を保とうとする。仏教も創唱宗教ではあるが、釈迦は精霊のような位置付けにされ、宗派の開祖は昔話や歴史上の人物にされがちで、神仏習合が浸透しているとも言えよう。

かたやキリスト教（など一神教）では、神に身を委ね、自分のやりたいことを捨てて、神の望むことを行うのが信仰とされる。また新興宗教の教祖や指導者は個性的であったり、強い主張を持っているので、神道または仏教の流れをくむものであってもカリスマ性が突出する。

このためアニミズムに慣れ親しんだ人々から見ると異様であるし、一神教や新興宗教が社会から嫌われたなら洗脳やカルトの文脈で語られがちになる。

統一教会のある二世信者は「神社の石の狐を大切にしたり、拝んだりするのは、誰かに教わったはずなのに洗脳とは言われない」と言い、別の新興宗教の信者は「荒っぽい祭りで毎年人が怪我をしたり、死ぬ人がいても反社会的とかカルトと言われない」と言ったが、彼らは思考実験のうえで指摘することがあっても、これらの信仰や祭礼を社会運動で壊滅させようとは考えていない。

荒っぽい祭りに言及した新興宗教の信者は、他の宗教にいちいち腹を立てないのは「スルースキル（無視して、やりすごす能力）ですよ」と言った。彼の姿勢を裏返せば、追及報道に熱狂した人々は統一教会に対してストレスを感じながらも受け流せないどころか、自らストレスを求めてワイドショーや報道番組などに飛びついて、教団や信者に干渉していたことになる。

社会運動は社会を分断して始まる

社会運動は被害があるところに発生する。

工場が汚水を垂れ流すと被害が出る。被害者が加害者を糾弾して、加害が発生する社会を変えようと運動が始まる。

地球温暖化の被害が出る。被害者は二酸化炭素を排出する企業を加害者として糾弾し、加害が発生する社会を変えようと運動が始まる。

だが地球温暖化の例では、自動車を使う産業や、自動車を運転する個人まで加害者として糾弾された。

福島第一原子力発電所事故では、東京電力と原子力政策を推進した国だけでなく、さまざまな加害者（敵）が設定されたのは記憶に新しい。原発を誘致したり受け入れたとして被災地が、科学的事実を伝え不安を取り除こうとした学者が、安全性が確認されたとして農作物や酪農製品や魚介類を出荷しようとした生産者が加害者とされた。これら加害者を糾弾して、原子力災害が発生しない脱原発社会をつくろうと運動が始まったのである。

社会運動が発動者たる「オピニオンリーダー・活動家・政治家」と「報道・SNS」と「不安や不満を抱えた追随層」の三つ巴構造によって始まり、暴走するのは既に説明済みだ。

統一教会を追及する社会運動では、紀藤正樹氏と彼が事務局長代行を務める全国霊感商法対策弁護士連絡会(全国弁連)、鈴木エイト氏、有田芳生氏といった面々がオピニオンリーダーとして問題提起をし、運動を牽引した。

統一教会を追及する社会運動は、献金や虐待で被害に遭った二世たちが被害者とされ、教団と教義を信じている信者を加害者とし、こうした加害が発生しないよう統一教会を糾弾し、社会から排除するよう国、自治体、政治家、個人に働きかけ、教団を解散させようと展開された。

被害に遭った二世として、暗殺犯山上徹也が取り上げられた。しかし、山上が安倍晋三氏を銃撃した意図と経緯は未だ解明されていないだけでなく、母親の信仰との関係もはっきりしていない。伯父と鈴木エイト氏の証言や推測で、統一教会からの被害を自力救済するため安倍氏を撃ったとされているだけだ。

二世被害の証言者としては小川さゆり氏が表舞台に立った。小川氏の証言には複数の事実誤認、思い違い、歪曲が指摘されているものの、報道機関は証言と指摘を突き合わせて検証することなく「救済されるべき被害者二世」と「無視されるのがふさわしい、糾弾されるべき加害者側の二世」に当事者を分断した。鈴木氏によってアイドルの信仰がほのめかされ、彼女たちがテレビ番組から排除された経緯は、当事者を「救済されるべき被害者」と「糾弾されるべき加害者」に分断する構図そのものと言える。

被害と加害の構図をわかりやすく世の中に描き出しながら、運動のオピニオンリーダーは世の中に向かって「どちらの側に立つのか」を迫った。統一教会追及側か、「壺」「ズブズブ」の側かの選択だった。被害者は善で、加害者は悪とされているので、世の中は被害者の側になびく。まして「宗教はなくなってもよい」「強い信仰心は有害」とする認識が「常識」だとして取り扱われた。こうしてある種の人々が統一教会をスルー（無視）できなくなり教団や信者に干渉し始めた。

公害でも、地球温暖化でも、原発事故でも、同様に善と常識が問われて同調圧力に圧された人々が、加害側とされた者たちを糾弾している。「壺」「ズブズブ」のように、原発事故では「原発推進派」「安全厨」「御用学者」「ベクレてる」など、被害と加害、被害者と加害者を際立たせる俗語が登場した。

統一教会追及では「被害（被害者）」と「加害（加害者）」の関係を複雑にしてしまうため、信者を拉致監禁して強制的に棄教を迫る行為を問題視した太田光氏が教団の代弁者と決めつけられて発言権を奪われたほか、コンプライアンス宣言（教会改革）の成果はなかったことにされた。

果たして「山上と教団」「小川氏と教団」という被害と加害の構図は成り立っていたのだろうか。成り立っているか検証されないまま、山上と小川氏は統一教会被害者の象徴と化している。教団は既に献金の返金に応じていて、コンプライアンス宣言も実行したが、未だに何ひとつ変わらぬまま加害が続き、被害者の象徴とされた2人のような被害が出ているのだろうか。

「それらは機能不全家庭の問題ではなかったか。子の側にも問題があったのではないか」という問いは、統一教会を追及する社会運動によって悪しきものとして封じられている。

分断の実情を語る証言

増田さん（仮名）は二世信者の伯父で、弟の統一教会への信仰に反対の立場を取っていたが、現在は容認するに至っている。弟の息子である二世信者から、どうしても伯父の話を聞いてもらいたいと懇願され、増田さんからも話をしたいと望まれて短時間の取材を行った。その後、ビデオチャットなどを通じてインタビューを行った。

統一教会の信者から紹介された人物であるため、第1回目の取材は増田さんが信者ではないのを確認する作業に費やされた。信者ではないと証明するのは難しいうえに、彼を疑っているのだから失礼な質問もしたが快く対応してくれた。

「うちの仏壇と私。こちらが母です」

増田さんは仏壇を前にして2人が写っている写真を見せてくれた。

「こうして説明しないとダメなのはわかっているのですが、ほんとうに嫌な時代になってしまいました。信者を追い詰めるというのは、信者ではない私たち親族も追い詰めることになります」

増田さんに解散命令請求に至った今の気持ちを聞くと、二十数年前なら大喜びをしたはずだと言った。

なぜ信仰に反対したのか。

「大学のキャンパスに原理研究会が入り込んで勧誘していました。実際に見てはいませんが、入信した学生がトラブルを起こしたという話ばかりだったんです。鈴木エイトさんと私は同世代なので、よく似た経験をしてきたのかもしれません。とにかく私たち世代には……今だったらコロナウイルスみたいなというか、原理研究会はそんなもののような気がしていました」

文鮮明氏が提唱した「統一原理」を研究する「全国大学連合原理研究会」が各地の大学に広がり、活動が統一教会と一体のものであったことから、多くの大学で勧誘方法が問題になっていた。

増田さんは大学に浸透した原理研究会を排除しようとする反原理運動に参加してはいなかったが、「どちらかというと左派だった」ので統一教会と関係深い「国際勝共連合」の存在を含め一通りの知識を持っていた。

「統一教会は勝共連合と同じもので、当時の常識としては極右、おかしな宗教という認識でした。こんなものに騙されるとは、弟は洗脳されていると恐ろしくなりました」

これが信仰に反対する最大の理由だった。

「弟は教会の活動で夏休みに帰ってこなかったので入信していたのがバレました。両親が怒っているから、弟はますます実家に立ち寄りにくくなってしまっていて。それでも行き来はあったのですが、悪循環が続いているうちに大学を卒業して就職して、合同結婚式で結婚という流れでした」

両親だけでなく増田さんも、弟の合同結婚式参加で「狂ってしまった。家族でなくなった」と感じた。

弟の信仰を容認したきっかけは何だったのだろうか。

「意外なくらい普通だったからです。両親は本心では孫を見たい。弟夫婦も実家に子供を連れて行きたい。子連れで帰省したら、両親のわだかまりが消えてしまいました。私とも行き来が活発になりました。弟夫婦は極右でもないし、狂ったような献金もしていませんでした。くだらないと思うかもしれませんが、かわいいですからね甥っ子は」

弟夫婦の家庭に違和感を覚えなかったのか。

「実家や私の家族とは微妙に違います。では違いを一言で言えるかというと、うまく言えません。この程度のことです」

報道されている信者像とだいぶ違うのか。

「違います。たとえば、壺を売ったり買ったりしていません。こんなことばかりして誰かを騙しているからだとして解散命令請求をされたはずです」

このような増田さんも、脱会屋と呼ばれる職業的改宗活動家に弟を拉致監禁してもらおうと考えたことがあった。信者は洗脳されているから、麻薬中毒患者を隔離して更生させるように、無理矢理にでも教団から切り離さなければならないと接触した脱会屋から諭されたのだ。ところが費用の交渉が始まると途端にうさんくささが漂い、増田さんと両親は怖くなって彼らと会うのをやめた。

「弟と奥さんでは考え方が違うし、甥っ子はもっと違います。宗教についての考え方にも差があります。洗脳なんてなかったのです。信者たちは洗脳されていると決めつけられて、私も一度は弟を家族ではないと思い込みましたし、日本中の人が信者はまともではないと除け者にしています」

増田さんは信者ではないことの証明が難しいように、洗脳された人というレッテルを信者が自ら剥がすのは無理だろうと言った。

「暗殺犯の山上や小川さゆりさんが登場して、二世なら洗脳が弱いか洗脳されていないので真実を告発できるという『新しいお話』がつくられたことで、分断の溝がひろげられてしまいました。それと告発者になるとレッテルを剥がしてもらえるから、元信者の人たちが現役信者を攻撃するようになったのかなと感じます」

増田さんの甥、翔太さん（仮名）は、増田さんが証言した通り近親者と良好な関係にあると言う。

「祖父母や伯父さん一家が、他の親類に信仰について喋っていないそうです。知っている人がいたとしても、今まで一度も親類の中では問題になっていません」

ビデオチャットの画面内で翔太さんが微笑んだ。

近親者が信仰する仏教とは冠婚葬祭のマナーに違いはあるが、「そんなところで自己主張する必要はないので」相手側に合わせるようにしている。

「こういうのを正体隠しと言われるとつらいです。なんでも悪く言われてしまうのが僕らですが」

何もかも悪く言われるのはどうしてだろうか。

「テレビとネットのせいです。従兄弟は伯父さんと同じように、信者の家庭を知っているから偏見がありません」

翔太さんはネットの統一教会情報はテレビ番組に影響されていると指摘する。ツイッターや情報ブログで騒ぎになっている話の出所を探すと、いつもテレビ番組だった。これ以外では、新聞や雑誌のネット記事がリンクされていた。

「僕たちが説明すると嘘や洗脳されていると言われて相手にされないか、馬鹿にされてしまいます。だから悪く言われっぱなしのままです」

翔太さんは、統一教会の教義への誤解を解く前に、難しいのは承知のうえで信者家庭についての誤解を解かないと意味がないと考えている。報道は信者の家庭を何もかも狂っているように伝えるか、まったく何も説明しないまま被害が出ていると伝えている。

「神様に興味がない人に神様を説明しても、まともに聞いてもらえるはずがありません。でも世の中は信者に興味津々です」

報道が伝えたり、報道に触れた人が想像するほど奇妙な家庭なら周囲の人たちが気付くはずだが、こうして二世問題が発覚したり、信仰が暴露された例はないはずだという。

「誰が信者かわからないから怖いと言われていたはずです。だからファンの人たちから感心されるために、鈴木エイトさんが信者を暴露していました」

アイドルが信者なら「興味深い」とした鈴木氏の発言を、翔太さんは「信者だったなら面白いと考えていた証拠です」と言った。

「あたりまえの暮らしをしている家族が多いのをわかってもらいたいのです」

あたりまえな暮らしとは何だろうか。

「大きな不満がない暮らしです。これはとてもはっきりしています」

子供時代から現在まで、翔太さんの周囲には家族仲が悪い同級生家庭や同僚家庭がいくつかあった。このような家庭を見て、両親と自分の関係を考えると信仰が役立っているのは間違いないと思う。

統一教会の信者でなくても仲の良い家庭はあるはずだが、どのように感じるのだろうか。

「それは、それでよいと思います。世の中には優しい人がいっぱいいます」

翔太さんは生まれたときから信仰のある生活を送ってきたが、このことに満足しているので信仰を継承したのだという。

「それでいいじゃないですか」

相馬さん（仮名）は人前に出ると萎縮してしまうという理由で、対面では無理だがメールやチャットでの取材なら受けられると言った。

相馬さんは祝福結婚で結ばれた夫と地方都市で暮らす女性で、統一教会と出会っていなければ「死んでいたでしょう」という。生まれ育ちは関東の大都市で、裕福な生活をしていたものの、小学校低学年のとき両親の夫婦関係が最悪な状態になった。

「貧困家庭でネグレクトが起こると思われていますが、富裕層には富裕層のネグレクトがあります」

母親が家事を嫌うようになるとハウスキーパーが衣食住の面倒を見てくれたが、相馬さんの体調の変化に無頓着だったので円形脱毛症や皮膚炎が放置された。小学校から私学だったので公立校のようなあからさまないじめはなかったが、生徒間にある独特なヒエラルキーに馴染めず、脱毛症や皮膚炎をきっかけにして始まった嫌がらせがいつまでも陰湿に続いた。

中学生になると母親が家を長く空ける機会が増えた。あるとき下校して玄関から子供部屋に向かって廊下を歩いていると知らない女性がいた。Ｔシャツを着ていたが、下半身は下着しか履いていないように見えた。驚いて怖くて立ちすくむと、ものすごい形相で睨みつけられた。父親だけが在宅していた日のできごとだったので、家の中で何が行われていたかだいたいわかった。

「自分が生ごみになった気がして世の中で生きていける気がしませんでした」

相馬さんは、「リストカットは死にたくない人がすることなので自分はやってません」というくらい心を病んで、駅のホームで異常に気付いた駅員に保護されたこともあった。

大学生のとき統一教会に入信したのは、信者と何気ない話をしていると気が楽だったからだ。両親のようにならない確信を得られたので祝福結婚で家庭を持った。

「幸せではない二世がいると言われても、私の幸せは誰にも否定させません」

相馬さんは誰も不幸にしていないうえに、誰かの人生に口出ししたことはないと言う。しかし、安倍晋三元首相暗殺事件後の1年間は、見ず知らずの人たちから干渉されっぱなしだ。このため「社会問題のふりをして人生に口出ししてくる」テレビと週刊誌系のネットニュースは見なくなった。

相馬さんは福祉に救われる人もいれば、宗教に救われる人もいると言う。

彼女の場合、福祉はまったく役に立たず、仮にお金や棲家を一時的に用意してくれたとしても「生ごみ人間以上になる希望」は得られなかったと断言した。

小説がきっかけで人生が変わったと言う人がいる。音楽で被災地に希望を与えると言うミュージシャンがいる。海を見ているうちに自殺を思いとどまった人がいる。こう言っていた人たちまで、宗教に救われた人を馬鹿にしているのは納得がいかない。

神様に救われるとはどういうことか質問した。

相馬さんにとっては、自分がいま「家族といっしょに生きている」ことだという。

世の中と統一教会の信者を分断したいなら、すればよいと思っている。だが「私たちのことを大嫌いで気持ち悪いと言いながら、いちいち興味を持ってきて干渉してくる」精神性がまったく理解できないと、相馬さんは言った。

「正義に酔っ払って口出ししてくるマスコミは、私が苦しんでいるとき役立たずだった人たちの集団です」

二世の吉田さんが信仰を継承しなかったのは、両親ですら教会に行ったり行かなかったりになっていたからで、「理由は、それ以上でも以下でもありません」と言った。だから、結婚して妻の姓になる前の旧姓の苗字だけなら実名表記でよいのだそうだ。

少年時代は教会に通い、さまざまなイベントにも参加したので、二世や三世の友だちがいた。二世や三世と一世との違いは、決断の有無だという。信者の子供たちは、自分の決断で信仰を選んでいないうえに、最初から世俗とは何かが違う世界に生きている。

「それで思うのは、どんなできごとでも二世問題の原因になってしまうということです」

吉田さんは原因として三つ例を挙げた。

一つめは、その宗教に特有の生活習慣や考え方。

二つめは、宗教上の制限だけでなく、家計や時代性など理由を問わず、子供の願望が叶えられなかったできごと。

三つめは、宗教の教義から生じる期待だけでなく、親の理想や社会や時代からの期待が子供の負担になったできごと。

「自分の子供時代を思い出しても、よその家と違うことや、思い通りにならなかったことや、期待されてつらかったことは後々まで根に持つものです」

「お父さんのせい、お母さんのせい」で済むはずのものが、宗教二世の場合「お父さんとお母さんの信仰のせい」になりがちだ。しかも子供たちは、「親のせいと、時代や社会のせい、信仰のせいをうまく分けて考えられません。無宗教の家庭でも似たようなものでしょう」。また親への反抗心が強くなると、「親を否定する理由を、信仰のせいにしがち」だ。

吉田さんは二世らが嘘をついて問題を捏造したとは考えたくないという。大袈裟な話をしてしまった人や、望まれる話をしているうちに作り話をしてしまった人がいても、発端に親との確執があったはずだ。だから、彼らを連れてきてテレビや新聞や雑誌に登場させた報道機関が、宗教二世問題とは何か、宗教問題なのか、家族問題なのか、社会問題なのか個々の例を切り分けなかったのが悪かったと考えている。

「二世たちは利用されてしまったと思います。中には今の自分を正当化するためマスコミを利用した子たちもいたかもしれません。どちらであっても、トラブルの本質は解決されないので、いま苦しんでいる人たちは救われません」

吉田さんと私は、家庭内の問題を取り扱う難しさについて話しあった。

宗教の教義が原因だったとしても、それは家庭特有の考え方や習慣が原因だったり、地域特有の考え方や習慣が原因だったときと何が違うのか。誰が親子関係を調べ尽くして、誰が裁くことができるのか。児童相談所が介入できるもの、介入しにくいもの、そもそも対象ではないものがある。

「近所にイスラムの家族がいて、女性はスカーフを必ず巻いていたり、いろいろ決まり事があるみたいです。この家の女の子が年頃になって、服装や恋愛の自由がない二世問題だと言ったとき、どうなると思いますか。解散命令請求するのでしょうか。二世問題として取り上げただけで、ヘイト問題にされてしまいそうです」

切り分けをしなかっただけでなく、宗教そのものを真摯に考えようとしなかった報道機関は、統一教会を社会から切り離して排除することだけを目的にしていたのだろうと吉田さんは考えている。

コラム――正義に酔って干渉する素朴な人々

山口4区での衆議院補欠選挙（2023年）の期間中、立憲民主党から立候補した有田芳生氏が「この下関って統一教会の聖地なんです。聖なる土地なんです」と断定した演説は衝撃的だった。統一教会はすぐさま事実ではないと否定し、下関市の有権者ばかりか全国から批判が殺到したが、演説に賛同する者もいた。「そう言われるのが嫌なら有田氏に投票しろ。有田氏が当選すれば聖地とされたレッテルを剥がせるぞ」と言わんばかりだった。

反原発運動でよく見かけた光景だ。

福島県に「原発事故で汚染されて取り返しがつかなくなった土地」と風評のレッテルを繰り返し貼って、嫌なら我々の運動に参加してレッテルを剥がしてみろと住民たちに迫った反原発活動家の姿勢そのものだ。

反原発運動では放射線デマや大袈裟な表現を批判した人々や、この人たちが大切にするものを「原発推進派」「安全厨」「御用学者」「ベクレてる」などと揶揄されて吊し上げられたが、有田氏の「聖地演説」を批判した人々へは「ズブズブ」「壺」といった定番のセリフが浴びせかけられた。

定番のセリフを繰り出す発言者の特徴にも見覚えがあった。

コロナ禍の中、ワクチン接種が粛々と進められていた2022年の春、陰謀論集団「神真都Q」が接種会場を襲撃した。彼らは「DS」「光の戦士」「豆腐船」などと仲間同士にしか意味の通じないキーワードを片言のセリフの中で連呼していた。神真都Qの構成員と家族を取材すると、世の中と折り合いがつけられず陰謀論に希望を見出した者がほとんどで、見識と知識が乏しい素朴な人が多かった。なかには境界知能と診断された者もいて、彼女にとって神真都Qは共感に包まれた理想郷だった。

境界知能の女性や他の家族らとの関係は取材だけでは終わらなかった。社会復帰へのアドバイスをしたり、構成員家族の情報交換を助けてわかったことがある。

この素朴な人たちは、リーダーやインフルエンサーから陰謀論が伝えられると、「説」を手渡しされたのではなく、「説」が世の中を覆い尽くす「意識」として自分を取り囲んでいるように感じていた。彼らの陰謀論はリーダーの思いつきで、発言されたとき初めて世に出たものだが、世の中を覆い尽くす「意識」から真理を吸収しているように錯覚していたのである。

これは流行のファッションがデザイナーやメディアから発信されているのがわかっていても、世の中を覆い尽くしている意識と交信しあって、「流行」を吸収しているように感じるのに似ているかもしれない。この意識に包まれる感覚が共感で、前述の女性にとって神真都Qは共感に包まれた理想郷だった。

素朴な人たちの神真都Q活動は次のようなものだった。

神真都Qの陰謀論は前後の脈略さえない「説」にすぎないが、彼らにとっては強力な「意識」で、意識を共有している者同士で敵と戦っているつもりだった。彼らはワクチン行政の「被害者」と自らを位置付ける「弱者」のはずなのに「強者」ぶっていた。また自分たちだけが知っていると言っていた。彼らは自分の価値を高くみせようとする欲求から強力な「意識」のもとに集まって、集団になることで自分が正しい行動を取っていると安心感を得て、より刺激的に、他の人とは違う特権意識を満足させ、抑圧されていた感情のはけ口として反ワクチン運動をしていた。

では「ズブズブ」「壺」と連呼している素朴な人々の反統一教会活動はいかなるものだろうか。

統一教会が日本を支配しているという大袈裟な説を、政治的に利用する人々がいる。彼らは利用しているだけだ。ところが「ズブズブ」「壺」と連呼している素朴な人々は、「統一教会日本支配説」を共有して敵である教団や自民党と戦っているつもりだった。そして、自分の価値を高くみせようとしたり、集団になることで自分が正しい行動を取っていると安心感を得ようとしたり、より刺激的に特権意識を満足させるため、感情のはけ口を信者や自民党支持者に向けた。

素朴な人々は理屈だけでなく感情も言語化できない。

神真都Qの構成員が、リーダーから与えられたキーワードをうわごとのように繰り返していたのと同じように、反統一教会の素朴な人々は「ズブズブ」や「壺」(一時的なものとして「下関は聖地」)といった決まり文句を口にして、絵文字や拾い物の動画やイラストをSNSに貼り付けて政治的な主張をしたつもりになっている。

このような素朴な人々が、相馬さん曰く「私たちのことを大嫌いで気持ち悪いと言いながら、いちいち興味を持ってきて口出し」する報道機関の真似をした人々だ。

彼ら素朴な人々はどこからやってくるのか。翔太さんの見立てが正しければテレビ番組、新聞や雑誌のネット記事だ。彼らが統一教会追及報道に熱狂した層とすると、ワイドショーの中でもミヤネ屋だろう。オピニオンリーダー、報道やＳＮＳ、不安や不満を抱えた追随層の三つ巴構造のうち、追随層のすべてではないだろうが大半が素朴な人々ではなかったか。彼らは報道が暴走した一因であり、報道が「虚像」を与えるターゲットにしていた人々でもある。

「世の中を覆い尽くす意識」という感覚は、ファッションに例えることができた。いま裾丈の短い服が流行っている。裾丈が短くないのはおかしい。裾丈が長い人たちはどうかしている。恥ずかしくて見苦しいからどうにかしろ。報道が生み出した虚像はこのようなもので、この程度のことで素朴な人々は扇動され、「かくあるべき」と他人の私的領域にまで踏み込んで行ったのだ。

第6章

誰も言い出せなかった共産党二世問題

なぜ共産党二世問題なのか

安倍晋三元首相暗殺事件の犯人が宗教二世と報じられたことで、被害者救済を掲げて統一教会追及の機運が高まった。

日本共産党委員長だった志位和夫氏は、『サンデー毎日』２０２２年11月６日号の対談で、田原総一朗氏に「日本共産党からすれば統一教会との最終戦争だ」と水を向けられると、「決着つけるまでとことんやりますよ」と語っている。また、組織的な動員か確証は得られていないが、日本共産党の専従職員が「ミヤネ屋を見ましょう」と党員らに勧めていたと語る複数の証言がある。統一教会追及で同党が主導的な立場にあり、報道姿勢や報道の暴走ぶりが日本共産党の望むものであったのは間違いないだろう。

しかし日本共産党は自らの二世問題を未だに解決していない。この問題を報道は取り上げず、被害者救済を掲げて追及したこともない。統一教会の二世が取り上げられるとき、併置されて論じられたこともない。

本書では報道が何を、どのように、どれだけ伝え、誰に届いたかをデータで明らかにし、どのような影響が出たか当事者の証言を集めることで、統一教会追及報道が暴走した原因を解明するだけでなく、報道のフェアネス（公正さ）を検証してきた。

同時に、報道の暴走ぶりが自らの政治的な意図と合致した様子だった日本共産党のフェアネスも問われなければならない。また日本共産党の二世問題を検証することは、二世問題とは何かを知るため重要であり、二世が受けている被害の救済を掲げて始まった統一教会追及報道の本質とも直結する。

だから、共産党二世問題を考えなければならないのだ。

統一教会二世問題はテレビ、新聞、雑誌で報じられただけでなく、これをテーマにした書籍まである。かたや共産党二世については正面から論じられてこなかっただけでなく、当事者の証言が紹介される機会もなかったため、背景となる情報を含めて紹介する。

しんぶん赤旗を配る母と受験を諦めさせられた子

「私は宗教二世の神主です」

自己紹介が始まるや、その場にいた人々からどっと笑い声があがった。神道関係者から招かれて講演をしたときのできごとだ。世襲によって神社を守ってきた神職の人々には、悲喜交々な心当たりがあったのだろう。

このとき私の脳裏をよぎったのは、信仰を継承していない統一教会二世が取材で語った「二世問題は、統一教会に限った話でも、宗教に限った話でもありません」という指摘だった。神職だけではない。これまでに新興宗教と既成宗教の別なく聖職者たちから聞き取りをしてきたが、彼ら自身にも信者にも二世ならではのさまざまな事情があった。また、かつて二代目経営者の親睦会と関わりを持ったとき、彼らが後継者としてことごとく幼年期から特異な環境で育てられているのを知った。そして、政治家や芸能人にも二世問題があるのは周知の事実だ。

宗教家の例ではわかりにくいが、芸能人の二世問題ならわかりやすいだろう。

芸能人二世として生まれて、うまくいく人もいれば人生がつらくなる人もいる。うまくいかない原因は芸能界の問題かもしれないし、家庭の問題かもしれない。この二つが重なって子供が苦労する場合もあるだろう。

親の業種や思想信条の問題と、家庭の問題を切り分けつつ、切り分けられないなら何が原因で不可分なのか考えないと二世問題は理解できない。統一教会追及に限らず、宗教二世問題は親の信仰のみが原因とされ、これが報道され、特殊性ばかりに注目が集まり世の中は宗教団体を糾弾した。自分たちが知っている世界とは違うから、宗教と信者は異常と考えられたのである。

では日本共産党の党員二世問題はどうだろうか。


二世問題は統一教会に限ったものではないと指摘した山本さんは、「共産党員の家にも、二世問題があります」と断言した。

今から20年ほど前、大学生だった山本さんは親から信仰を受け継ぐのを拒否するだけでは飽き足りず、統一教会系ほか新興宗教系のサークルに議論をふっかけたり、勧誘されても相手にするなと周囲に触れ回っていた。

「信者の人たちの真面目さが鼻についたのは、同世代の間でサブカルが特別ではなくて、あたりまえになっていたからだと思います。子供から成人するまで悪趣味、鬼畜系、変態とかを面白がる時代の影響を受けました。だから何かと信仰を持っている親と衝突するし、親の宗教をネタにしたりして、これを面白がってアイデンティティにしているとき、彼と知り合いになりました」

大学2年の冬、友人が「信者の馬鹿さ加減を知りたい」と言い出した。山本さんが二世の立場から打ち明け話をすると、友人は両親が共産党員で「家では嫌な経験しかしていない」と、愚痴というには重い打ち明け話を始めた。このとき共産党にも二世問題があるのを初めて知った。

友人の両親と日教組の担任が意気投合したこともあって、彼はクラスでは特別扱いを受けていた。担任は勉強しなくてもよいという放任主義者だった。しかし平和教育だけは力を入れていたので、勉強しないのに適度に勉強ができて、平和教育の模範解答を答えられる良い子を演じ続けた。同級生からは嫌われていたが、両親と担任の期待だけでなく、世の中から共産党の家の子らしい態度を期待されている気がして、良い子ぶるのをやめられなかった。担任の前では「勉強しなくてよい」と言っていた親が、家では猛勉強を強いた。

彼を平和集会などに引き回す両親だったが、期待を裏切られて癇に障ると暴力をふるった。

　詳しい事情はわからなかったが、機関紙のしんぶん赤旗を購読していた人がまとめてやめてしまったので、その分の購読料を自腹で払っていた時期があった。かなりの負担だったので彼は小遣いがもらえなくなり、どうしても欲しい本を公立図書館の書架から万引きした。その後、パンクした自転車のタイヤを修理するため「お金を出してください」と頼んだとき父親から平手打ちをくらい片耳がほとんど聞こえない難聴になった。

「おまえも殴られたりしただろ」と聞かれた。問いには答えなかったが、山本さんは親から一度も手を上げられたことがなかった。自分の統一教会二世としての経験が、初めて平和なできごとに思えた瞬間だった。

　統一教会追及の最前線に立って、勝ち負けにこだわっていたのが日本共産党だ。前述のように、志位氏が『サンデー毎日』誌上で「最終戦争」の意気込みを語っただけでなく、機関紙のしんぶん赤旗も「志位委員長　縦横に語る」と同誌記事を大幅に引用した。こうした党の方針のもと、しんぶん赤旗社会部統一協会取材班は『信者二世たちの叫び――徹底追及統一協会』（新日本出版社）を２０２３年3月に出版している。

山本さんは、「共産党が自分たちの親子問題をなかったことにして、統一教会の二世問題を持ち出すのは卑怯だと思います。報道されたこともありません。統一教会なんかよりよっぽど怖いので、誰も日本共産党に二世問題があると大っぴらに言えないのだと思います。二世問題を知っているのは、私だけなんてことはありえないですから」と言った。

私も気になるできごとを目撃していたが、これもまったく報道されなかった。

福島第一原子力発電所事故のあと、首都圏も放射性物質に汚染されているとデマが吹聴された。朝日新聞が連載した『プロメテウスの罠』でも、町田市の小学生が布団を赤く染めるほど鼻血を流したと被曝による健康被害がほのめかされた。こうしたデマや報道を真に受けて、我が子の健康を憂慮する親が関西や沖縄などへ子供を連れて自主避難した。

自主避難が家族の総意で行われた例は稀で、説得を振り切って避難後の生活設計を立てられないまま支援者を頼り母子のみで避難するケースが多かった。このため、単なる引っ越しでありながら解決し難い問題を引き起こしたのだった。

母親Aに自主避難を強く勧めた支援者が共産党員だった。着の身着のまま逃げるように新幹線に乗って小学生の息子と大阪府へやってきたAに、支援者はアパートの一室を借りる保証人になり、「いざとなったら旦那さんと離婚しなさい。生活保護をもらえるようにしてあげる」と約束した。

恩を感じた母親は言われるままましんぶん赤旗を購読し、報酬がないにもかかわらず配達も行うようになった。反原発デモに限らず、日本共産党が関わる活動にも参加した。恩に思う気持ちは、やがて依存に変わっていた。

デモや集会に参加すると、Aの自主避難を批判する者はいなかった。食事にありつけることもあった。割のよい仕事はなかったが、ときどきアルバイトが紹介された。

短期間で戻るという約束だけでなく、たびたび合意を反故にされたため夫は支援を打ち切った。離婚が成立したとき定職についていたので親権を取ったが、安定した生活は長く続かなかった。生活保護を受給するようになると、Aは暮らしへの不安から精神を病んだ。さらに子供は転校先でうまくいっていない様子で、しかも避難前に予定していた中学受験を学費の算段がつかないため諦めざるを得なくなった。

当然支援者は母子が直面している困難を熟知していた。賃貸契約の保証人になることから、生活保護の受給まで支援者が手慣れた様子なのは、背景に日本共産党がある強みだったろう。だが夫との関係を修復するよう勧めた形跡がなく、むしろ離婚を持ち出して生活保護へ導いている。しんぶん赤旗の購読と配達だけでなく党が関与する活動への動員は、本人が承諾したものとはいえ囲い込みと見られてもしかたない。これで、母子のいったい何が救済されたのだろうか。

Aは党員になったか否か頑なに語らなかったが、党員でなかったとしても子供は共産党二世に限りなく近い存在と言ってよいだろう。この例から、党員二世の困難を日本共産党が救う以前に、党員ならではの子弟への虐待が発生していても党は気付けないのではないかと考えさせられる。

では、A母子は例外的なできごとに巻き込まれただけなのだろうか。

2013年、徳島県の扶川敦元共産党県議が生活困窮者の賃貸住宅への入居を仲介したとき、不動産業者と共謀して入居費用を生活保護費から出す手続きに必要な書類を偽造し、敷金などの保護費をだまし取った疑いで逮捕されている。扶川氏は、生活保護受給の見返りとして困窮者に日本共産党への入党や選挙応援のほか、しんぶん赤旗の購読を求めていたことも発覚して日本共産党の体質とともに批判された。

日本共産党徳島県委員長は「現時点で明らかになった不正受給へのかかわりだけでも、法的判断のゆくえにかかわらず、社会的にも道義的にも許されない」としんぶん赤旗紙上で述べ、のちに扶川氏は日本共産党を除名されている。

詐欺行為は日本共産党公認ではない。だがセーフティネットへ困窮者をつなぐ活動が、党勢拡大に利用されたのは事実であるだろうし、A母子だけのレアケースでもなかったのだ。

ガッカリな状況と心配される共産党二世

少しずつではあるが、日本共産党の二世問題を指摘する声が登場している。

国際カジノ研究所所長の木曽崇氏は、2023年9月4日にツイッターで「共産主義というのは「神」を想定する宗教ではありませんが、一方で親から子へとその思想が伝播しながら、類似する思想を持つ独特なコミュニティの中で二世/三世と引き継がれてゆくという意味では、宗教ととても類似した構造を持った一種の思想／信条として存在している。」と共産党家庭について言及した。

木曽氏が例に挙げたのは、福島第一原発から放出される処理水を「バスタブに貯めた水に、食紅を薄めた水を混ぜる行為を原発からの処理水放出に見たてながら、批判をするという動画」で物議をかもした女性だった。

このひとみさん、その動画内容に対する評価はさておき過去の投稿などを見ると、小学校の頃から選挙の手伝いと称して「ビラおり、ビラ配り、電話かけの番号押し」を始め（公選法違反では？）、15歳で日本民主青年同盟（共産党系の青年組織）に加入、18歳で共産党に入党というゴリゴリの共産二世の人生を送ってきたことが判ります。また、この方は配偶者も共産党員であるようで、共産党から議員として出馬するも当選できず無職、結局今はひとみさんのパート収入8万円弱と子供手当で暮らしているとのこと。ご本人はそこに不満を持っているわけではないようですが、前出の様に科学的には全く間違っている処理水放出批判の動画をXに投稿するなど、正直、客観的に見るととてもガッカリな状況に陥っているワケです。

（以上、ツイッターの投稿から引用）

「ひとみさん」は日本共産党を信奉するゆえに論理的とは言い難い考えに取り憑かれて、処理水放出に限らず世の中のできごとに理不尽さを感じている様子だ。

日本共産党の機関紙『しんぶん赤旗』ほか同党のポスターやチラシを見ると、暮らしがうまくいかないのは共産党が政権を取っていないからと読み取れる。しかも敵視するものへは、「アベ政治を許さない」などとスローガンを掲げ、赤旗まつりではドラムレクチャーと称してヒトラー髭をつけた安倍晋三氏の写真を太鼓に貼り付けて叩いて楽しむイベントを用意した。後者は、藁人形に五寸釘を打ち込むに等しい行為だ。

党を信奉することで問題意識が膨らむものの、政治や社会の中で一向に解決できず、思い通りにならない不満は怨念として「日本共産党を支持しない世の中」や「支持しない人々」へ向けられ、ますます支持を獲得できなくなっている。この出口のない閉鎖された環境の中に、生まれると同時に放り込まれたのがひとみさんだけでなく党員二世たちだ。

私が取材した福島県民の中に、原子力災害と結びついた福島県への偏見を正当化して差別を助長しているのが日本共産党であり、汚染水と連呼するような日本共産党の「教義」に疑いを抱かず「信仰」しているのが二世たちではないかと言う人がいた。さらに語気を強めて「カルト」呼ばわりする人もいた。

安易に「教義」「信仰」「カルト」など宗教用語を日本共産党と党員の子弟たちに当てはめるのは適切ではないが、これらの言葉で表現したくなる被災当事者の気持ちはわからないでもない。

130%党勢拡大目標の陰で

日本共産党には、2028年までに党勢を130%拡大させる目標がある。

第28回党大会で決めた党建設の目標――党員拡大と『しんぶん赤旗』読者拡大で、第28回党大会比130%の党をつくる、青年・学生と労働者、30代～50代などの世代で党勢を倍加し、民青同盟を倍加するという目標を、必ず達成することを決定し、この大事業を全党に呼びかけることにしました。

「１３０％の党」とは、全党的に36万人の党員、１３０万人の『しんぶん赤旗』読者をめざす大事業です。同時に、この仕事を、すべての支部・グループで担うならば、来年１月の党大会までに、平均して、１支部あたり、現勢で、２カ月に１人の党員、１人の日刊紙読者、３人の日曜版読者を増やせば実現できます。これが過大な目標でしょうか。「高い山」のように見えますが、すべての支部と党員のみなさんがたちあがるなら、決してできない目標ではないのではないでしょうか。

（以上、中央委員会総会「『１３０％の党』をつくるための全党の支部・グループへの手紙」より）

党勢拡大とは党員数の拡大だ。地域組織の最小単位で２カ月に１人の党員を増やすのは、中央委員会総会が言うほど簡単ではない。

しんぶん赤旗の読者を増やそうにも、一般の日刊紙さえ部数を減らして回復が見込めない時代だ。しかも、共産党議員による自治体職員に対する強引な購読勧誘が問題視されて、

2018年には神奈川県藤沢市の議会と茅ヶ崎市議会で市庁舎内での勧誘・配達・集金を行わないよう求める陳情が採択された。その後、勧誘禁止に賛同する動きが全国に広がっている。

党員たちは、実現が困難なノルマを押し付けられたかたちだ。このため党員の子弟を仲間に向かえようと呼びかける活動が、地方で始まっているとする証言が複数ある。仲間に向かえるとは、党員にするという意味だ。

呼びかけがあったのは、党中央、都道府県組織、地区、支部と連なる日本共産党の組織のうち地区組織だという。ここで子弟を党員にした人が讃えられ、これに続けと呼びかけられた。子弟らが党員になるのを望むなら何ら問題ないが、強いられたと感じるなら宗教二世問題同様の被害者を生み出す。

あれだけ統一教会の二世問題や献金問題を批判した日本共産党なら、地区や支部に実現困難なノルマを課すことで、無理な勧誘や人権侵害が発生しかねないのを想像できるはずだ。わかっていながらやっているのなら、ますます共産党二世問題がなかったことにされるのではないかと懸念を抱かざるを得ない。

第7章

共産党二世が訴える生きづらさ

家父長的な差別の家からの脱出

2022年の夏から、統一教会を頼らず信者を探し出して取材を始めた。当時も今も、一方的に教団を批判する糾弾記事以外は需要がなく、行き場のない取材結果は言論プラットフォームの『note』で発表するほかなかった。こうした中、月刊『正論』2月号に論考を寄稿できたのは幸運だった。

このとき前出の山本さんが、共産党二世として苦しんでいた友人の居所を探していた。「会って取材したらどうですか」というのだ。だが杳として消息がつかめなかったので、深追いせず取材を諦めた。

信者探しが難しいのだから、共産党二世が簡単に見つかるはずがない。ところが、意外な経緯で高沢さん（仮名）を取材することになった。きっかけはnoteに書いた陰謀論集団「神真都Q」の家族問題を扱った記事だった。

記事への感想が書かれたメールの中で、高沢さんは二次創作（原典となる創作物を利用して、独自の解釈を加えた個人的な派生作品）の同人漫画を描いている30代で、漫画の内容だけでなく漫画を描く創作活動まで父親から退廃的で右翼的と断定されていると自己紹介していた。陰謀論に取り憑かれた家族を扱う難しさに共感を示す言葉と、共産党員の父親を批判する激しい言葉の対比が印象的だった。

中学生のとき「将来の夢」について作文を書く授業があったという。教師から「成りたい、やってみたい、貢献したいことを書きなさい」と指導されたものの、どれも「父親を人生から消し去ってから」でなくては実現できないものばかりに思えたので、弁護士になりたいと心にもない嘘を書いて良い子のふりをした。未だに、成りたい、やってみたい、貢献したいことの前に父親が立ちはだかって邪魔をされている気がするとメールは締め括られていた。

直接話を聞きたいと取材を打診したものの許諾を得られなかった。ところがメールの末尾に雑談のつもりで福島市で行われる学会に出席する予定を書くと、「ツレが須賀川の出身」なのでこの人と一緒でよければ日程を調整すると返信があった。

指定された福島県須賀川市のファミリーレストランで待っていると、お揃いのマスクをした女性2人組に「加藤さんですか」と声をかけられた。高沢さんを男性とばかり思っていたので呆気に取られ、立ち上がって名刺を渡すとき飲み物をこぼしそうになった。席に着いた高沢さんは、私があらかじめ頼んでおいた父親との関係を示すものとして、赤旗まつりに連れられて行ったときの家族写真を複写したものと、実家の居間にある日本共産党の出版物が並んだ棚の様子をスマートフォンで見せてくれた。

隣に座っている陽子さんに促されて、「これが――」と高沢さんがトートバッグから取り出したのは同人誌だった。同人誌即売会の参加を申し込む勇気がないので10部だけ印刷したのだという。人気漫画の女性登場人物2人がキスをしている表紙だった。

「こういうのを?」

「あ、はい」

場の雰囲気が気まずくなりかけたとき、陽子さんが「(レズ)ビアン寄りのバイセクシュアルなんで」と言った。こうなるとわかっていたので、取材は「ツレ」と一緒が条件だったのだろう。

高沢さんが自分の性的指向に気付いたのは中学生のときだった。最初は漫画ではなく、バイセクシュアル志向の詩をこっそり書いていた。しんぶん赤旗に掲載されているものなど党公認の漫画以外は家庭内に持ち込むのが禁止されていたので、漫画を描く習慣だけでなく読む習慣もほとんどなかったのだ。

「『漫画は禁止していない。悪いものは読ませるわけにはいかないだけだ』と父は言います。良いとか悪いと言うわりに選ぶ自信がなかったから、共産党の漫画だけ許されたのだと思います」

詩を書き留めたノートが父親に見つかったとき、「狂ってる」「退廃的」「子供のくせに淫乱」「売春婦」などと言われた。止むことがない罵倒に耐え切れず、恥ずかしさや悔しさで過呼吸がひどくなって失神してしまった。

意識が戻り母親に介抱されているときも、日本共産党が同性愛を退廃的で右翼的と位置付けていると父親に叱られた。共産党と父親に、「自分は変態で、いらない子。家にとっての恥」と烙印を押されたと思った。父親が自宅にいないとき、母親が「ノートを預けてくれたら、見つからないように隠しておいてあげる」と言ってくれた。しかし、また耐え切れないくらいの恥ずかしさが込み上げてきて「もうどうでもいい」と断った。

このできごとがあった2005年前後の時期を、高沢さんは「ミッツ・マングローブさんやマツコ・デラックスさんが女装家として登場しました。バイセクシュアルではアンジェリーナ・ジョリーさんがいたけれど、まだ皆に知られていなかったかもしれません。こんな時代で、世の中の見る目が変わり始めていたと思いますし、もともと父親みたいなのが多数派なんてことはなかったはずです」と語る。

しかし、性自認、親子関係、共産党——一つでも厄介な悩みなのにすべてが絡み合っているとあって相談どころか愚痴をこぼせる相手さえいなかった。この三つを合わせて相談できたのは、母親以外では陽子さんが初めてで、父親に淫乱と言われてから10年以上が経過していた。

高沢さんが20代になる頃、かつてホモ、レズなどと呼ばれるだけだった異性愛者と異なる性的指向を、レズビアン（女性同性愛者）、ゲイ（男性同性愛者）、バイセクシュアル（両性愛者）、トランスジェンダー（生物学上の性別にとらわれない性別観の人）、クエスチョニングやクィア（性的指向や性自認が明確でない人たち）と呼んで位置付け、差別をなくそという潮流が日本でも芽生えた。

日本共産党も性的少数者をめぐる世界的な変化に歩調を合わせ、2020年1月の第28回党大会で「性的指向と性自認を理由とする差別をなくす」と綱領を一部改定している。

このとき党委員長だった志位和夫氏は、「一九七〇年代、『赤旗』に掲載された論文などで、同性愛を性的退廃の一形態だと否定的にのべたことについて、きちんと間違いと認めてほしい」という声が党内にあったと語り、党が差別を主導していたことを認めている。

しんぶん赤旗に掲載された論文とは、1976年の無署名論文『退廃との思想闘争は、民主的青年運動の重要課題』だろう。この論文では婚前交渉、姦通、乱交、夫婦交換、同性愛は変態性欲で「ファッション」であると断定され、退廃であると規定したうえで、「非人間的商品化」と「人間を動物的水準に引下げる傾向」の現れとされた。

なお日本共産党では無署名論文は署名論文より格上に位置付けられ、党の総意を示しているとされる。このことから、論文は党の意思そのものであったと言ってよいだろう。

性的少数者を蔑視していたのは論文だけではない。1976年9月9日、赤旗紙上に「党にかくれ二重生活」と題して記事が掲載された（しんぶん赤旗に改称されたのは1997

年）。これは三鷹市の共産党市議が同性愛者向けの旅館で窃盗事件を起こし逮捕されたのを伝える記事だったが、文中で「私生活ではいわゆる「ホモ」の習癖がある二重人格者」「男同士のいかがわしい関係を続けるなどという、きわめて異常、異質な二重人格的な私生活」「今日の社会的、道義的退廃を反映」「人間的破綻と破れん恥な反社会的背信行為」とたたみかけるように行為が批判されている。

日本共産党が同性愛を性的退廃とする方針を撤回したことで、父親は変わったのだろうか。

「母が言うには、口に出さなくなったみたいですが、差別主義なのは今もぜんぜん変わってません。党員だった祖父の影響もあるから、急に変わるほうがおかしいです」

性的少数者だけを蔑視しているのではなく「自分と違うもの」を嫌悪したり嘲笑い、なかでも父親にとって「右翼的」なものを口汚く罵っているという。日本の国旗や国旗を掲げている場所や人、国歌や国歌を歌う人、皇室が好きな人、自衛隊、迷彩柄、神社や特定の宗教、自民党と支持者、オタク、性的なもの――と父親が蔑視する右翼的なものにはきりがない。これら右翼の仲間に加えられることは、人格を否定されて自尊心をぼろぼろにされるのを意味するため高沢さんは恐怖を感じる。

「弟は中学1年のとき親子喧嘩で父を突き飛ばして、それからは家で余計なことを言われずに済んでます」

私が「暴力革命ですね」と言うと、高沢さんは「ああやって男の子は大人になるのかと、うらやましかったです」と苦笑いした。

では、高沢さんの反抗期はどのようなものだったのだろうか。

「母親は私が返事をしなくなったとか、買ってきた靴下に文句をつけられたとか言います。2人でスーパーへ買い物に行って、離れて歩いていたのは憶えています。この程度だったですね」

高沢さんが語る反抗期の逸話に父親が登場しない理由を尋ねると、何をされるかわからないので良い子にしていたという。

「弟は腕力で父と立場が逆転しましたが、私はダメなままでした。漫画を描いてみたいと思っても、家で父に見つかるのが怖いし、外で誰かに見せて父みたいなことを言われるのも怖かったです。買った漫画は隠して、描くのもぜったい見つからないようにしていました」

高沢さんが漫画を自室に隠していたいっぽうで、『はだしのゲン』は何冊か居間の棚に並べられていたことがある。『はだしのゲン』を読めと強いられた記憶はないが、日本共産党の基準に則った家庭内での平和教育と結びついているため苦手に感じる。戦争を好きなはずがない。しかし、平和について常に正しい考え方を求められている気がして緊張する。

「実家では、自分が正しくないのではないかと、緊張していないなら萎縮していました。生まれも育ちも都内なので、外に部屋を借りて一人暮らしをする発想が私にも親にもなかったし、お金の問題もありました。就活を始める前に、やっと家を出ました」

しかし一人暮らしをしてからも、罪悪感を覚えながら漫画を買ったり描いたりしているうえに、陽子さんとの同居にも踏ん切りがつけられない。

「今も、答えを間違えると大事なものを台無しにされるような気がして怖いです」

ホテルへのチェックイン時刻が迫っているのを伝えると、高沢さんと陽子さんが相談を始めた。「そちらへついて行っていいですか」と言われ、渡りに船とばかりに同意した。それぞれ須賀川市から福島市まで移動して、再び落ち合うことにした。

福島市を目指して自動車を運転しながら、彼女の父親について考えた。彼は私より5歳ほど年上だ。団塊の世代が学生運動の影響を受けたのに対して、彼らは政治問題について無関心だったので「しらけ世代」と呼ばれている。小学校入学前後にテレビで『鉄腕アトム』を観て、その後『巨人の星』『ハレンチ学園』『がきデカ』『ドクタースランプ』と漫画を読んできた世代でもある。高沢さんが挙げたミッツ・マングローブ氏やマツコ・デラックス氏たち以前に、おかまを自称していた映画評論家のおすぎ（杉浦孝昭）氏と服飾評論家のピーコ（杉浦克昭）氏による「おすぎとピーコ」の全盛期を支えたのが彼らだったと言ってよいだろう。

しかし高沢さんの父親は、日本共産党が推奨する漫画以外を否定し、おすぎとピーコには嫌悪感を超えた感情を抱いていたという。このような人物がいても不思議ではないが、同世代の中では異例な存在だろう。なにより、我が子が過呼吸に陥るほど罵倒し、意識が戻ってからもやめなかったのは尋常ではない。こうした執拗さは、論文『退廃との思想闘争は、民主的青年運動の重要課題』や三鷹市議が起こした窃盗事件の記事「党にかくれ二重生活」の同性愛を激しく糾弾する調子にとても似ている。まるで論文の著者や記事の筆者が、父親の姿を借りて高沢さんを罵倒したかのようだ。

なぜ、そこまで日本共産党の方針を家族に徹底させなければならないのだろう。

福島市の中心部で再会して、カフェで取材とは関係ない雑談をしていると、高沢さんが「実家」と対照的な世界を「外」と表現しているのに気付いた。そこで、どこからが「外」なのか聞いてみると、実家を出たら文字通り外なのだという。

では、外の人々は高沢家をどのように見ているのだろうか。

「町内では、たぶん実家のことを『共産党の家』と呼んでいると思います。特に何かあったわけではないですが、ちょっと面倒くさがられている感じがします」

しかし、嫌がらせを受けたり排除されてはいない。自治会の催しがあれば、両親は他の人々とともに活動をしている。父親がごみ収集場所を掃除したり、近隣で道路工事などの作業をしている人に声をかけている様子は、高沢さんにさえ穏やかで誠実な人物に見える。

また日本共産党内でも父親は揉め事を起こしていないという。

だが町内には「右翼的」と蔑視するものがあふれている。このため自民党を支持する住民や、国旗を掲揚している施設などを父親が家庭内で罵るのは日常茶飯事で、こうした罵詈雑言は政治スキャンダルが発生したり選挙が間近になると激しさを増した。

なぜ家庭では人格が変わってしまうのだろうか。

「家で一番偉くて正しいつもりだからです。こういうところは、父は祖父とよく似ているそうです」

党員だった祖父が左派系の政治サロンに出入りして文化人と面識があったり、党に多額の献金をしていたのが父親の自慢だ。高沢さんが生まれるとすぐ祖父は亡くなり、祖母は一日中テレビを観ているような人だったことから、幼い頃の彼女は政治サロンと高額献金の話題に目が眩むような輝かしさを感じた。

「父と同じように、私も生まれたときから共産党が家の中にありました。好きとか嫌いとか、考えもしませんでした」

「だから、常識が違っていて」と陽子さんが言った。

「普通は新聞というと朝日とか読売ですが、この人は赤旗で……」

「それは大袈裟。実家では、朝日も取っていました。私が学校へ古新聞を持って行くとき、母には赤旗だとまずいだろうという感覚がありました。ただ、この気遣いの意味が子供の私にはわかりませんでした」

しんぶん赤旗が朝日新聞など一般紙とは違うものと知ったのは、小学校5年生くらいのときだった。このように常識が「外」の世界と違うのを知るたび芽生えた「実家」への違和感が、父親から淫乱と罵られたことで日本共産党への嫌悪感に変わった。

嫌悪感によって政治的なサロンと高額献金への憧れがすっかり消えてなくなっただけでなく、高沢家の仕組みがはっきり見えるようになった。馬鹿にしていた祖母の言葉に耳を傾けると、白内障で視力が落ちてからも一日中テレビを観ているのは、共産党と高沢家の男たちに嫌気がさしていたからとわかった。テレビの前に座って画面を見つめ続けることで、家庭の秩序に組み込まれたくないと態度で表していたのだ。

母親もまた祖母と同じ悩みを抱えていたらしく、「おばあちゃんは認知症で家族がわからなくなって、やっと楽になれたのかもしれない」と子供たちにこぼしたことがあった。

だから高沢さんは日本共産党がジェンダー平等を訴えると、「うちの女たちは、共産党狂いの男が学校の教師みたいに正しいとか正しくないと言って、家族を支配してくるから苦しんでいるのに」と怒りを覚える。

父親が日本共産党へ献金すると言い出したときは、母親は半泣きの顔で「いい加減にしてください」と懇願していた。高沢さんと弟の教育費だけでも、一家の収入を考えると負担になっていた。だが父親は「共産党の議員秘書が給料から多額の献金をしているのだから、党員もがんばらなければいけない」とまくし立てた。父親は党の資金づくりのための「募金キャンペーン」にも応じている。しんぶん赤旗は日刊紙と日曜版を購読し、日本共産党の出版物も頻繁に買い、いつ買ったものかスローガンが書かれた旗やポスター掲示板が使うあてのないままクローゼットに仕舞い込まれていた。

「全部で何回、いくら献金や募金したかは知りません。でも母は我慢の連続でした」と高沢さんは言った。献金や募金で揉めるようになった頃から、母親は趣味の絵画鑑賞や博物館巡りなどをしなくなり、アルバイトに行く以外は家に篭りがちになって、化粧品のグレードも落としていた。

党費だけでなく献金や募金をして何が得られたのだろうか。

「父が満足しただけです」

ここで高沢さんが宗教二世の被害を例に出したので、親の献金に不満を抱く信者の子供にも統一教会が返金しているのを伝えた。

「でも暗殺犯はお金が戻ってこないのを恨んでいたはずです」

「伯父が交渉して５０００万円程度返金されています」

高沢さんは、大きなため息をついた。

最後に、高沢さんを苦しめているのは父親か、それとも日本共産党か質問した。

「完全に父です。だけど父の考え方のほとんどが共産党でできています。こう考えると、原因は日本共産党かもしれません」

「共産党がなかったら、高沢さんが傷つくことはなかったのでしょうか」

「淫乱とか右翼的とか、言われなかったでしょう」

「お父さんが共産党の党員でよかったと思うことはありましたか」

「ありません」

ここで取材を終えた。

高沢さんに実名を出しても差し支えないか尋ねると、ネット上で使っているハンドルネームさえも無理だという。

「私の発言で共産党と父の関係を壊したくありません。あの人の調子が悪くなったりボケたとき、ぜったい介護したくないので、共産党の仲間でうまい方法を見つけてもらわなくてはいけません。だから身ばれしたくないのです」

店を出ると周囲がだいぶ暗くなっていた。高沢さんと陽子さんは、せっかくなので遊んでから帰ると言い残して去って行った。

高沢さんの父親にとっては、日本共産党と党の重鎮が最高の権威だ。父親は党内で常に権威に従い、日本共産党の価値体系と規範に従順だからトラブルを起こさない。しかし、父親は「家で一番偉くて正しい」者として、家族を日本共産党の価値体系と規範に従わせようとするためトラブルが絶えない。父親は日本共産党を権威として自発的に服従しているが、家族にとって父親と日本共産党は思想や行動を強制する権力にほかならない。

家で一番偉くて正しい者であると父親が疑わず、家族を支配しようとするのは家父長制そのものの構図だ。同時に、強い立場にある者が、弱い立場にある者の利益のためだとして、本人の意志は問わずに介入して干渉するパターナリズムの構図でもある。こうした父親を高沢さんと弟の側から見ると、ネガティブな行動パターンを執拗に繰り返されて、それで人生が支配されてしまう「毒親問題」とも言える。

ここでどうしても、松竹伸幸氏が日本共産党を除名されたできごとを思い出さずにはいられない。高沢さんも、共産党内に実家のような家父長的で専制的な権力構造があるから、党首公選制導入などを訴える松竹氏が一方的に日本共産党を除名されたのではないかと考えている。その通りなら、日本共産党が直面している課題の縮図が高沢家なのかもしれない。あるいは日本共産党は高沢家の拡大図と言えるかもしれない。さらに彼女は党と家庭が父親を通じて地続きになっているのを、日本共産党が教師のように「正しさ」を振りかざして家族を支配してくると表現している。

高沢さんの母親は電話取材で、「娘の言うことに間違いありません。家族のことで、私からお話しすることはありません。夫を取材してもらっても、私たちが困るだけですので、お断りさせていただきます。家の揉め事では済まなくなります」と言った。

共産党色に染め上げられた家庭と少年時代

宮城県で教職に就いている佐藤さん（仮名）の幼かった日の記憶は、共産党色に染め上げられている。自宅の敷地に張られていた「大型間接税反対」のビラと毎日配達されるしんぶん赤旗。両親に連れられて行った間接税反対のデモや演説会の情景。これらだけではない。自由民主党の中曽根康弘氏が首相だったのも、はっきり憶えている。村上春樹著『ノルウェイの森』が刊行されてベストセラーになり、翌年スタジオジブリ制作『となりのトトロ』が公開される１９８７年のことだ。

母親があまりにも中曽根氏と自民党政権に怒りをぶつけていたので、佐藤さんは「そんなに悪い人たちなら、なぜ警察に逮捕されないのか」と問いかけた。

「幼心にそんな疑問を持つ程度には家の中に、日常的に自民嫌悪の空気が流れていたと思う」というくらい、両親にとって家庭でも政治が重要なテーマだった。

中曽根氏は１９８６年の衆参同日選挙で「大型間接税と称するものはやらない」「この顔が嘘をつく顔に見えますか」と演説して、翌87年に売上税導入を柱とした法案を国会に提出した。

ここから始まる騒がしかった半年間を、私も未だに忘れられない。

大学生だった私は広告業界で仕事もしていたため、大型間接税導入が現実味を帯びたとき、広告業界だけでなくクライアント企業も騒然となったのを目の当たりにした。商品の売れ行きが、どのように変わるか予測しきれなかったのだ。

しかも１９８５年に結ばれたプラザ合意による円高不況で町工場などの倒産が相次いでいた中、後に「バブル景気」と呼ばれるようになる好景気が実感されつつあった。天気の話をするように株価が話題になり、水道水ではなくエビアンやボルヴィックを飲む機会が増え、どこへ行ってもベンツばかりかＢＭＷやアウディなど輸入車を見かけるようになっていた。

１９８７年2月に、東京都台東区の合羽橋道具街で増税反対デモが行われた。揃いの法被を着てプラカードを掲げた商店主たちの姿が報道されると、話題になるだけでなく反対運動が全国に拡大した。増税を嫌う気持ちは当然だが、世の中に「やらない」「嘘をつかない」と言いながら法案が提出されたことへの反感が渦巻いた。

同年3月に行われた参議院岩手選挙区の補欠選挙では、社会党の新人候補が売上税阻止を訴えて自民党の現職候補を2倍の票差で破っている。また4月に行われた統一地方選挙でも自民党が厳しい結果を突きつけられ、売上税法案は撤回された。

統一地方選挙で日本共産党が史上最高の議席数を獲得したことでもわかるように、佐藤さんの両親だけが反中曽根氏、反自民だったのではない。しかし、反対運動を展開した日本共産党が順風満帆だったわけでもない。

売上税法案が提出されて廃案になった年は、JR各社が発足し国鉄の分割民営化に反対していた左派陣営の敗北が明らかにされた年でもあった。国鉄時代に日常化していた過激なストライキへの強い反感から民営化は歓迎され、前述のように好景気が到来しつつある楽観的な気分が漂い左派の存在感が薄れていた。また中曽根内閣は11月に終了したが、続いて竹下内閣が発足して宮澤内閣終了まで自民党が単独で政権を担っている。自民党は完膚なきまでに叩き潰されたどころか、しぶとく支持され続けていた。

佐藤さんはバブル景気の始まりから崩壊までを少年期に経験した世代だが、他の同世代と違うのは日本共産党が存在感を示せた最後の時代を両親を通じて目撃していた点だろう。ちなみに１９８０年のしんぶん赤旗は日刊紙と日曜版を合わせて発行部数３５５万部を誇ったが、１９９０年代に計２３０万部、現在は計１００万部弱ほどで日刊紙だけなら20万部弱にまで減っている。

彼の両親はともに共産党員であるだけでなく、民主商工会（民商）の職員だった。民商とは地域ごとに拠点を持つ、中小事業者からの税金、労働保険、融資などの問題解決と、法律相談、大型店出店などへの反対運動を行う団体だ。民商は自らを「共産党とは組織的にも財政的にも全く独立した存在」と説明するが、警察庁の『昭和49年警察白書』では共産党が都市と農村の中間層対策に力を入れ、公害闘争など各種の「市民運動」に対する指導介入を強める一環で、「とりわけ、民商への指導を強化して商工会・商工会議所工作をめざし」たとしている。

佐藤さんの父親は、「民商の宣伝カーで帰宅して、自宅の駐車場に停めることが何度もあった」という。そして居間の書架に日本共産党の機関誌『前衛』のバックナンバーを並べ、最新号は手洗いに置いて読み、休日になるとテレビの討論番組にチャンネルを合わせて出演している共産党議員の発言に「そうだ！」と合いの手を入れ、自民党など保守系、与党系の議員を罵っていた。

このような家庭環境で、佐藤さんは父親より母親から政治的影響を受けたと語る。

母親は選挙の時期になるといつも激しく苛立ち、日本共産党の選挙運動に没頭して、自宅からも候補者への投票を呼びかける電話をかけていた。忘れられないのは売上税法案廃案から５年後の１９９２年、埼玉県知事選挙で６選を目指していた畑やわら氏が出馬を断念したときのできごとだ。

畑氏は社会党や日本共産党の支持のもと革新系知事となり、のちに社会党を離党して中道路線を取った人物だ。ただし、庁舎に「憲法をくらしに生かそう」と標語が書かれた懸垂幕を掲げるくらいに、改憲には反対の立場を堅持した。当選回数５回、知事在職20年は歴代埼玉県知事の中でも最長である。

畑氏が新都心開発をめぐって「政界のドン金丸信と手を組んだ」と報道された談合疑惑を受けて出馬を断念した日の夕刻、怒りを隠そうともせず母親が帰宅した。

「社会党がハッキリしないからっ」

開口一番に吐き捨てた荒々しい言葉に、佐藤さんは凍りついた。間近にいる子供の姿が目に入っていないかのような母親の感情的な振る舞いを、「家庭の中に政治活動がここまで入り込んで来るのかとショックを受けた」と振り返る。

政治活動が家庭内に入り込んでいたと語る共産党二世は、佐藤さんだけではない。親に命じられて共産党のチラシを折らされた、宣材をポスティングさせられた、デモに動員されて都合よく子役のように撮影されたといったケースがあった。生活保護の申請を手助けした困窮家庭の親子が自宅に出入りし、無償で前記した作業をさせられ、選挙運動や反対運動に動員させられていたのを憶えていると語る証言もあった。

この証言者の両親は、親子に「党が何をしようとしているか、くどくど話をしていた」かと思うと、「どうして手を抜く、共産党ががんばってくれてるからあんたたちが生きていられるのでしょ」と強い口調で叱りつけた。こうした日常を送っていたので証言者は「共産党と親は偉くて特別な存在」と思い込み、「あんな馬鹿な人が自民党に騙される」と語る両親の威を借りるように親子にいじわるな言葉をぶつけていたという。

佐藤さんの場合は、母親の態度を真似るのではなく、ひたすら影響され圧倒されるばかりだった。

小学校入学前、母親は佐藤さんを第二次世界大戦による日本の惨禍を伝える展示に連れて行った。幼かったこともあり、会場がどこで、どのような内容だったか詳細は憶えていないだけでなく、写真など数々の具体的な展示物も「いまいちピンとこなかった」。順路に従って出口近くに来たとき、居並ぶ「原爆人形」を目にした。

原爆人形は被爆直後の被災者をかたどったリアルな人形で、煤けた服は裂け、体は焼け爛れて滲み出した血液で赤く染まり、剥がれた皮膚が垂れ下がったまま亡霊のように歩く様子で展示される。私が見たものと同じなら、照明が落とされた空間がつくられ、炎に包まれた街並みと破壊された建物が描かれた背景を前にして、瓦礫が散らばる台に載せられて人形が展示されていたはずだ。

佐藤さんは「母が言うには、顔が真っ青だったというくらい」精神的なショックを受けた。

１９８０年代は70年代に強化された広島と長崎に関する原爆学習ばかりか、沖縄戦学習が定着して平和教育が盛んな時代だった。佐藤さんが「特殊な学校だったのかもしれない」と語る小学校でも、映画鑑賞会と言えば戦争を題材にした反戦映画で、6年間に観たもののうちタイトルを憶えているものは『対馬丸　さよなら沖縄』『なっちゃんの赤いてぶくろ』『おこりじぞう』『はだしのゲン』だという。

1991年に湾岸戦争が始まると、小学校高学年になっていた佐藤さんは「イラクのミサイルや爆弾が、日本に落ちたらどうしよう」と怯えて、恐怖と不安をいっときも解消できないノイローゼ状態に陥った。こうした感情が極限に達して突然泣き出してしまうと、母親は「疲れてるのかね」と言った。この一言は、強い違和感を佐藤さんに残した。

佐藤家にはトマホーク配備反対運動の活動家が入り込むようになったり、母親が反戦メッセージがプリントされたTシャツをいつも着ているなど、当時の世情より圧倒的に強い戦争への危機感が満ちあふれていた。それなのに他人事のように「疲れてるのかね」の一言で済ましてしまうのかと佐藤さんは思い、違和感だけでなく疑いの気持ちも芽生えた。「精一杯の善意で解釈すれば、母は母なりに『やり過ぎた』という思いがあったのかもしれません」

このできごとの2年前、昭和天皇が崩御した。

佐藤家では「昭和天皇は大戦の責任があるにもかかわらず、何も償わない悪人」とされていた。だから、昭和天皇の体調悪化を案じて同級生が「かわいそう」と言ったときは、両親が口にするような戦争責任論をぶつけた。

それでも母親がテレビ番組に向かって「戦争責任も取らずに、ケツから血を流して死んだクセに」と言い放ったときは、さすがになんとも言えない嫌な気持ちになった。

中学校に入学するくらいまで、共産主義は人類の理想、共産党は社会に正義を実現する存在と思っていた。ところが視野が広がり、世の中の様子が見渡せるようになると共産主義への疑いが大きくなった。そして姉の不登校がきっかけで両親が家庭内離婚状態となると、両親への「失望と拒絶の感情」を誤魔化せなくなった。

「両親と共産党は一体で、両親との断絶は共産党の全否定でした」

佐藤さんは親と縁を切って生きていく決心をした。

ポスターが張られた清潔な家

角田さん（仮名）は、共産党二世問題を毒親問題と考えている。そして、毒親化する原因が日本共産党にあるのは間違いないという。

角田さんは、家庭内で精神的に追い詰められて、あまりのつらさに少年時代は家出を繰り返していた。このほか、困窮家庭を日本共産党が福祉へ結びつけるかわりに、機関紙のしんぶん赤旗を無報酬で配達させたりデモなどに動員し、断りきれない家庭の子供たちが巻き込まれる根深い問題があると指摘する。

この証言は、福島第一原発事故にまつわる放射線デマに怯えて首都圏から関西や沖縄へ避難した母子の様子を彷彿とさせた。角田さんに首都圏から自主避難したA母子の話をビデオチャットで伝えると、「うちの親が関西にいたら、その支援者と同じことをしていたかもしれません。党員はいい人たちなんです。いくら後ろ盾があるからといって、保証人になる人なんてそうそういません。だけど、やり方が間違っています。支援のしかたが毒親的じゃないですか。こんど父に会ってみませんか」と誘われた。

３年前に母親が亡くなってから、実家で一人暮らしをしている父親の様子を１カ月に一度は見に行く。高齢になった父親の暮らしぶりは気になるが、自分のためにも、妻と子のためにも一緒に暮らしたくないと考えている。

角田さんと待ち合わせをして彼の実家を訪ねた。これといって特徴のない戸建て住宅が並ぶ私鉄沿線の町にある家は、塀に吊り下げられたプラスチックの板に日本共産党のポスターが張られ、窓の内側にデモや集会で見かけるプラカードが外へ向けて立てかけてあったほかは、築年数のわりに汚れひとつない敷地の清潔さと広さが際立っていた。

ドアを開けて玄関先に出てきた父親へ、角田さんは「近所にきたから寄ってみた」と言いながら手土産の果物を渡して、背後に立っていた私を「趣味の先輩」と紹介した。

父親が安倍晋三元首相暗殺事件の直後から興奮して扱いに困ったと、ビデオチャットで聞いていた。しかし、目の前にいる老人から共産党員らしさだけでなく、毒親らしさも感じられなかった。想像を裏切られた私はタイミングを逸して、質問ひとつできないまま親子の会話に相槌を打った。通りがかった2人組が、こちらに視線を向けた。角田さんの父親が軽く会釈したものの、2人ともよそよそしい態度で通り過ぎて行ったのが気になった。

角田さんの実家からカフェへ移動した。

「どうでした」と問われて、想像していた人物像とは違ったと感想を伝えると、角田さんは「まさか初対面の人にしつこく『しんぶん赤旗』を薦めたりしないです。でも、ああ見えて小学生の息子が家出するくらい強烈な党員です」と笑い、暗殺事件当日の晩酌を「祝杯」と呼ぶくらい今も強烈だと言った。

安倍元首相死亡をテレビ報道で知った父親は、「暗殺記念で飲もう」と他の党員と電話をかけ合ったが、行き違いから集合できなかったためスーパーで刺身を買って1人で祝杯を挙げた。このとき家のあちこちに飾り付けた「アベ政治を許さない」「戦争させない」「9条壊すな」といったプラカードが、年明けまでそのままにされていた。

窓際に飾られた「アベ政治を許さない」と書かれたプラカードは、近所の人たちに見せつけるため特に大きなものだった。浮かれた父親が他にも「近所で何かやらかした」らしく、町内の人々との関係がおかしくなっていたと角田さんは言う。2人組がよそよそしく通り過ぎて行ったのには、やはり理由があったのだ。

角田さんに、父親と一緒に暮らしたくない理由を聞いた。

暗殺事件を記念日のように祝う父親と、四六時中一緒にいてよいことは何ひとつないという。

だが、党員はいい人ではなかったのか。

角田さんは考えこんでしまった。

質問を変えて、父親にとって共産党とは何かを聞いた。

「それは、党員の家に生まれたからわからない。よその家の人たちも、なぜ共産党員ではないか『最初からそうだ』としか言えないでしょう」

では父親に反発した最大の理由は何だったのか。

「建前がはげしくて、本音に素直になれない人だからです」

統一教会は反共主義の団体である国際勝共連合と関係深い。このため角田さんの父親は以前から統一教会を敵視して、男を誘惑する性悪な女性を「統一教会の女」と呼んでいた。

「ストレートの黒髪が長くてすらっとしていて和風の色っぽさがある美人タレントのDさんを、父は統一教会の女みたいだと呼んでいました。母から、Dさんタイプが父の本当の好みと聞いたことがあります。自分が嫌いなものと好みのタイプを結びつけて、統一教会の女と言うのは屈折がひどすぎます」

建前と本音が屈折していたのは、女性観だけではなかった。小学生だった角田さんに父親は「自由が一番大切」と言っていたが、読むべき本、観るべきテレビ番組、聴くべき音楽、遊ぶべき友だちをいつも押し付けてきた。小遣いを貯めて買った漫画や雑誌を取り上げられて、目の前でゴミ箱に捨てられたこともあった。

「父は赤旗まつりをとても自由なものだと言っていましたが、あのとき私には行きたくない、帰りたいと言う自由はありませんでした」

赤旗まつりだけでなく、何かの反対集会に連れられて行き新聞記者に囲まれて写真を撮られたのはとても嫌なできごとだった。

「共産党のイベントに無理やり連れて行かれたのは暴力だと思います。嫌がると、父はすごく不機嫌になって手がつけられなくなることがありました」

自由に好きなものを好きなだけ買いたい。好きなものに囲まれていたい。このような物欲を角田さんが制御できるようになったのは、奥さんと結婚してからだという。そして未だに、集会やデモを見かけると気分が悪くなる。

もう一度、父親や角田さんにとって日本共産党とは何か聞いてみた。

「共産党は屈折したもので、抑圧するもの。Ｄさんがタイプの女性なのに、反共に結びつけている。安倍さんを叩くのも、もしかしたら父親や共産党にとって憧れの存在だからで、目指す方向は違っても、あんなふうになりたいのかもしれません。痴漢を批判していた（日本共産党千葉県委員会書記長）大西航が、女子高生盗撮で逮捕されたことが、党員の屈折を表している気がします」

それでも党員はいい人なのだろうか。

「自分の親だから、共産党員として貧しい人を助けたいという気持ちまで全部嘘だったとは考えたくありません。だからいい人なんでしょうけど、あまりにおかしい。普通の家の、普通の子供がうらやましかったくらい、ダメな家庭でした」

角田さんから再び連絡があったのは、本書執筆のためインタビューの内容を確認した直後だった。完全な匿名化を約束してほしいと要望された。「すすきの首切断事件」がきっかけで、共産党二世と知られるのが恐ろしくなったというのだ。

札幌市のすすきのにあるホテルで発生した殺人と死体損壊事件の容疑者は、共産党二世の女だった。この事件では父親で現役党員の医師と、女の母親も殺人と死体遺棄などの容疑で逮捕されている。そして世の中が「すすきの首切断事件」から1989年に発生した「女子高生コンクリート詰め殺人事件」を思い出したように、角田さんも同事件を連想した。「女子高生コンクリート詰め殺人事件」の犯人のうち1人を、事件直後に「共産党員だという話もある」と報じたのが『週刊新潮』だった。この男が2018年に路上で殺人未遂事件を起こすと、同誌は再び両親が共産党員であると伝えた。1989年の報道に対して「共産党といっさい関係ありません」と否定した赤旗が、後年の殺人未遂報道で「関係ない」と否定しなかったことから、やはり二世が起こした凶悪事件だったのだと角田さんは確信して「烙印のようなものを押された気がした」という。ここに猟奇的な「すすきの首切断事件」が追い討ちをかけた。

「コンクリ事件はトラウマなんです。党員の子は、気持ち悪い凶悪犯と言われてしまう。うちは少しマシだっただけで、子供がああなるのもわかるのがキツイです。程度の差はあっても、党員の家は普通の家とは違うのです」

首切断事件を起こした女は精神病の疑いが濃厚と報道されたが、共産党員家庭だから病気を発症したわけではないだろう。しかし角田さんは、家族間での娘の扱いや治療方針の決定に党員独特の考え方が影響したのではないかという。そうでなかったとしても、「共産党員家庭の犯罪と、いつまでも言われる」だろうと語った。

コラム——遺贈を募る日本共産党

日本共産党が遺贈を呼びかけている。

遺贈とは遺言書で受取人を指定して相続人以外に遺産を贈ることだ。前出の高沢さんは、父親が共産党にたいした額ではないものの遺産を遺贈するのではないかと言っていた。

日本共産党の公式サイトにある［募金のお願い］のページには、クレジットカードによる募金、ゆうちょ銀行・郵便局で「払込取扱票」での募金、銀行振込による募金に続いて、遺贈の相談という項目がある。さらに、この項目には他の項目にはない詳しさで【遺贈Q＆A】が用意されている。税金がかかるのか、遺言書のつくり方、遺言執行者のこと、現金・預金の遺贈と不動産の遺贈について、遺贈先の組織、不動産の遺贈での遺贈先、都道府県・地区委員会が遺贈で不動産を受け取った場合の手続き——これらが説明されているものの、高額献金についての注意書きは一切ない。

［④現金・預金の遺贈も不動産の遺贈も受け付けていますか？］への日本共産党の回答から

全文を引用してみよう。

現金・預金、不動産、有価証券など、どんな形の遺産であっても大丈夫です。また、遺贈の場合は、金額の上限もありません。

ただ、政治資金規正法は、政党が株券など投機性のある有価証券や外国証券を保有することを禁じています。したがって、株券、外国証券などがある場合は、遺言者が亡くなった後、遺言執行者によって現金化していただいたうえで、共産党が受け取ることになります。

また、不動産の場合、政党の政治活動に活用できない物件も少なくないので、売却・現金化したうえで共産党が受け取ることができれば、その方がありがたいケースもあります。遺言書には、遺言執行者が売却・現金化したうえで遺贈先に渡してもよいことを明記していただくことをおすすめします

次に統一教会の公式サイトにある「教会改革のためのアクションプラン」のページから、

［①コンプライアンス宣言（２００９年）の再徹底　１．献金確認書による過度な献金の防止］を引用する。

当法人は今年2月より「献金を受領する際のガイドライン」を制定し、10万円以上の献金を受領する場合はその都度「献金確認書」により、所定の内容を確認してから受領するという制度を導入しました。この確認書では、①この献金によりご本人および家族の生活に支障をきたす心配はないかどうか②この献金のために新たな借入をしていないかどうか③遺産相続や資産売却等によって得られた資産からの献金の場合、家族の同意を得ているかどうか――の３点を確認し、ご本人のサインをいただくようにしています。この確認書の取得率は現在、対象となる献金の9割を超えており（一部、本人と連絡が取れない等で取得できていないケースあり）、今年6月に家庭連合会員を対象に行ったアンケート結果（有効回答数３，４８２）では、97％の会員がこの方針が「適切に実施されていると感じる」という結果が得られています。

遺贈に上限はないと書く日本共産党と、献金を受領する際のガイドラインについて説明する統一教会。これでも統一教会は取り組みが足りないと言われ、日本共産党は批判されない。

なぜ、日本共産党はこれほどまで遺贈に執着するのか。

２０２３年５月27日、当時委員長だった志位和夫氏は、ツイッター（現Ｘ）に「（対話集会で）日本共産党が政党助成金を受け取らない理由の一つは、政党を堕落させる危険があるからだ。仮に日本共産党が政党助成金を受け取ったら11億円。一方、わが党は年間80億円の個人献金をいただいている。助成金を受け取ったら、こうした草の根での財政的結びつきが断たれることにもなる。」と投稿している。

２０２３年11月の朝日新聞掲載の記事［自民収入２４９億円でトップ、共産止まらぬ減収２０２２年政治資金］では、［共産は前年比５億円（２・５％）減で３年連続の減収。政党交付金を受け取らない同党の最大の収入源である機関紙『しんぶん赤旗』の購読料を含む事業収入が１６７億円で、３億円減ったことが響いた。主要な購読者である党員が高齢化し、同党の収入は10年間で40億円以上減った。減収傾向に歯止めがかかっていない。」とされている。

政党交付金の交付額は所属議員数や国政選挙での獲得票数に応じて決まる。さらに日本共産党の屋台骨を支える事業収入でしんぶん赤旗の売り上げ減が続いている。このため志位氏曰く「草の根での財政的結びつき」を強化せざるを得ないのだ。

ちなみに、自民党の2022年の収入は、記事の見出しにあるように249億円だ。前年の衆院選で議席を減らしたため政党交付金が減額されて159億円になったいっぽう、選挙時に預けた供託金の返還で19億円の収入を得ているのが要因となり、前年比2・1％増収した。

政党交付金は「企業が政党に献金して、政党が企業に有利な政策を決めるのでは、贈収賄と同じではないか」とされ、企業献金に制限をかけたうえで1994年に生まれた制度だ。当時、しんぶん赤旗の発行部数は1980年代の300万部超より減っていたものの230万部程度と現在の倍以上あり、政党交付金を受け取らずとも日本共産党は困らなかった。このとき大見得を切って、しかも自民党など他党を批判して受け取りを拒否したため、収入が減り続けていても態度を翻せないのだろう。

とはいえ、これでも日本共産党の政党収入は2位で、3位は公明党の135億円、4位は立憲民主党の92億円、５位は日本維新の会の44億円、６位は国民民主党の18億円といった状態なので、まだまだ政党交付金を拒否して、ますます遺贈を求めるのは間違いない。

「遺贈は本人の意思だからかまわないではないか」「遺産を期待して相続人がとやかく言う話ではない」などといった声がある。このため遺贈に限らず、日本共産党への個人の献金を批判すべきではないとされてきた。たしかに、その通りと言えるし、これはこれで問題ではないかとも思う。

高沢さんの母親は夫の献金や募金が悩みの種で、家計をやりくりするため彼女自身の生活を犠牲にしていた。高沢さんは父親が遺産を遺贈するのではないかと疑い、こうなったら母親は踏んだり蹴ったりではないかと嘆いている。

なぜ嘆くだけで阻止しないのかといえば、これまでに父親が行った献金や募金、これから準備するかもしれない遺贈は法に触れない行為で、公的な機関から家族を虐待する行為と認定されないからだ。では日本共産党に献金を返してくれと求めたら返金されるのだろうか。まず無理だろう。ユニクロで買った服が体に合わないから返金してくれと求めるのとは違う。

報道機関がそろって高沢さんに加勢するとも思えない。しかも、高沢さんが父親を拉致監禁して強制離党を迫ったらどうなる。

こうなると、統一教会と献金と家族について考えないわけにはいかない。

高沢さんの父親の献金先を教団に変えると、そのまま宗教二世が訴える被害の構図になる。相手が宗教なら公的機関が家族を虐待する行為と認定して救済に動き、全国弁連やカルトの専門家が大声をあげ、報道機関がいっせいに政治運動や社会運動を後押しして、解散命令請求までまっしぐらだった。

統一教会がコンプライアンス宣言（教団改革）で何をして、この結果どうなったかは説明済みだ。裁判を経なくとも、返金に応じている。献金を受けるときのガイドラインを設け、献金確認書で注意深く審査している。家族の同意を受けているかチェックされる。ここまでやっている宗教法人は稀だ。

統一教会に発生していた献金問題を、「そんなことはなかった」と教団と信者は言い張っていない。言いたいことは山ほどあっただろうが認めている。日本共産党は献金問題なんて発生していないと言い、支持者は批判者をネトウヨと呼んでいる。

終　章——暴走を生んだ独善と退廃の後始末

深代惇郎の言葉から半世紀後の報道

１９７５年10月15日、朝日新聞の『天声人語』に［新聞批判］と後に題される原稿が掲載された。書いたのは、新聞史上最高のコラムニストと呼ばれた深代惇郎氏だ。

役所や企業は、消費者や新聞が批判する。しかし、批判する新聞を批判する強力な社会的な仕組みはない。▼批判されない社会組織は、当事者がいかに善意を持っていても、独善と退廃の芽をはぐくむ。（略）新聞を批判することは新聞のもつ批判機能をより健全なものにするために不可欠だと考える。

ここから約半世紀、報道機関は統一教会追及報道に寄せられた批判の声をまったく顧みなかった。

そして２０２４年5月18日、共同通信は［上川氏「うまずして何が女性か」　静岡知事選の応援演説で」と報じた。またこのニュースは同社から［Japan minister queries women's worth without birth in election speech］として、英語でも配信された。

見出しと記事は、上川陽子外相が静岡県知事選の応援演説で「この方を私たち女性が（知事として）生まずして何が女性でしょうか」と発言したのを、出産しない女性は女性ではない、女性として価値がないと言ったと見せかける印象操作を目的としたものだった。英語の見出しにいたっては「日本の大臣、選挙演説で出産を伴わない女性の価値を問う」に改変されている。

ちなみに共同通信では、今までなかったものを作り出すのは「生む」、出産は「産む」と表記する約束事になっているため、見出しに悪意を込めて「産む」と表記できず「うむ」とあり得ない書き方をしたのだ。

「うまずして」報道はマルインフォメーション（悪意ある情報）の一線を超えて、ディスインフォメーション（意図的につくられた虚偽情報）の拡散と言わざるを得ない。しかも共同通信は「批判の声」をまったく顧みていない。報道の暴走は、統一教会と信者だけの問題ではなかったのだ。報道機関は批判を受け付けず、独善と退廃の芽をはぐくみ、報道の批判機能は不健全きわまりない状態になっていると言わざるを得ない。

繰り返すが、本書は「はじめに」に記した通り、統一教会の立場を教団の外側から代弁しようとするものではない。

統一教会を追及する報道を客観的なデータで検証すると、教団のネガティブな印象を利用して政局を左右しようとしていたのがわかった。ワイドショーが人々をスキャンダルで興奮させて、熱狂をあたかも世論に見せかけていた。ネガティブな印象は1990年代からの紋切り型の「報道フレーム」を利用したもので、事実と異なるゴシップから生まれたものだった。こうした報道で信者たちは人権を侵害されていた。だが「救済されるべき被害者」と「糾弾されるべき加害者」に当事者を分断した報道は、放置されたままの人権侵害を顧みようともしない。二世問題報道ひとつとっても宗教問題なのか、家族問題なのか、社会問題なのか、これらが複合した問題なのか、まったく整理されないまま放置されている。

統一教会は家族問題と、不公正と、怠慢を問われた。

信者家庭に不満を抱えた子弟がいるのは事実だ。高額献金やいわゆる「霊感商法」で被害が発生していたのも事実だ。またこれらを未だに放置している怠慢を教団は問われているが、二世問題のすべてが教義や宗教上の習慣を主因にして発生しているのではなく、献金等については教団改革でルールを作成して効果をあげた。

いっぽう統一教会を追及する側は無辜で無謬なふりをしているが、日本共産党にも二世問題と献金問題があり、マスコミの報道姿勢や追及姿勢には公正さがなく、いずれも怠慢によって放置されている。

終章では、怠慢の温床である独善と退廃、そして独善と退廃によってもたらされた被害の後片付けについて考える。彼らは何もかも、やりっぱなしだ。

共産党二世問題から考える

共産党二世の証言を紹介した。

日本共産党の党員二世をめぐる問題を解決するには、何者かが親子間に割って入らなくてはならない。しかも二世の願いをかなえるのが目的なら、両者を調停するのではなく強権的に子供の意思を尊重しなければならない。これは児童相談所が親子を引き離すようなやり方で行うことになる。

現在のままでは改善できないか、改善が難しいなら、新たに指針や制度を作らなくてはいけない。家族の問題を解決する指針や制度を作るのだから、家族はどうあるべきか考え、こうあるべきと定めることになる。これは国家が家族の関係しかも政治をめぐる関係に介入するのを意味する。現行法で対応するにしても、正常な家族の関係に戻すため指導するのだから、やはり国家が家族と政治の在り方を規定することになる。

だが家族とは、国家や公権力が口出しすべきではない国家以前の私的領域と見なされている。政治的自由に関わる難しさもある。それでも家族はどうあるべきか、政治はどうあるべきかを国家が規定しかねないのだから、この矛盾をどうするか日本共産党と二世をめぐる論議で真っ先に見通しを立てておかなければならない。

詳細に共産党二世の証言を紹介したのは、彼らの体験が家族関係だけでなく背景を含め複雑きわまりないもので、原因を私の主観によって政治由来、親子関係、思い込み、時代性などに分類して取捨選択すべきではないと判断したからだ。そして本書で紹介したのは事例の一部にすぎない。是正すべき家族の関係とは、望ましい家族像とは何かを明らかにするのはとても難しい。

政治を宗教に置き換え、日本共産党を統一教会に置き換えると、暗殺犯山上徹也の出自が知られてから統一教会への解散命令請求に至る経緯と重なる。ところが、統一教会追及では家族や宗教に国家が介入することについて、議論どころか意見交換さえ行われなかった。これまで家族や家庭の在り方に国が介入する動きを、報道機関や左派政党は警戒してきたが彼らはまったく反応しなかった。

埼玉県の自民党県議団が県議会に提出した虐待禁止条例改正案が、「留守番禁止条例案」と呼ばれて批判されたのは２０２３年10月だった。子供だけでの留守番や外出を「置き去り」と定義する条例改正案は、親が対応しきれず非現実的とする立場からだけでなく、家族の在り方に権力が介入する動きとしても警戒されて同年10月に撤回された。このとき確認できただけで２０２３年10月に１０１件、11月以降に15件の新聞報道とネット報道があった。留守番禁止条例案をめぐる報道の特徴は、母親を家庭に縛り付ける保守色の強い改正案と批判するものだけでなく、海外での動向を紹介するなどして議論を促すものもあったことだ。前者が主流で改正案が撤回されたとはいえ、統一教会をめぐる報道にはなかった傾向である。

親には子供を保護するためであったり、子供の利益を実現させるために強力な権力が与えられている。したがって親の信条や考え方が子育てに強く反映される。宗教を信仰しているなら教義が反映される。なぜなら信仰は生き方だからだ。共産党員の子育てに党是や折々の党の方針が強く反映されていたのもわかった。イデオロギーは「いかに考え、これをもってどのように行動すべきか」の指針なので、子供との関係に反映されて当然だ。

国家の介入も子供の利益を守るため正当化されるが、親から子供への不当な権利支配に介入せざるを得ない場合は慎重に行われてきた。このような繊細な領域を、統一教会追及報道と共産党など二世問題を取り上げた政党が、大衆の感情に火を付けて踏み荒らしてしまった。

しかも一過性の報道攻勢と政治問題化で終わりにしてしまったのでは、政局を左右するためであったり、統一教会と信者を社会から分断するためだけに、暗殺犯山上をきっかけとして二世問題に注目していたと言わざるを得ない。

本書では共産党二世、三世を例示したが、知られざる、もしくはなかったことにされている似通った構図で生きづらさを耐えている人の存在を、統一教会追及が埋め潰してしまったかもしれない。統一教会追及を最終戦争に位置付けた共産党とともに、安倍晋三元首相暗殺事件以後の政治運動や社会運動に関わった報道機関は、党員家族だけでなく他の困難を抱えた子弟の問題をいまさら追及できないだろう。

共産党二世問題を解決するため党と党員家庭を慎重に取り扱わなければならないとするなら、なぜ宗教二世問題では大衆の感情に火を付けて繊細な領域を踏み荒らしたのかと問わずにはいられない。

報道の公正さ

13年前、地震と津波の被害に遭った石巻日日新聞は社屋が被災して編集態勢が整わないうえに輪転機も動かすことができなかった。しかし記者たちは手書きの壁新聞を作り、人々の目に付くコンビニエンスストアなどに掲示した。

石巻日日新聞の記者も被災者で、家族や知人の安否さえわからず、使えるものはマーカーペンと紙とテープだけだった。掲示できる場所が限られ、読んでもらえる当てもなければ、壁新聞を作ったところで利益が出るわけでもなかった。

壁新聞の記事には、今なにが起こっているかが書かれていた。石巻の被害情報だけでなく、ボランティア募集や炊き出し情報も掲載した。行政の対応も伝えた。日々刻々と変わる事態を記者が取材して拾い集め、翌日の壁新聞に反映させた。震災の次の日から6日間にわたって壁新聞は刊行され、張り出された新聞を読んで住民は「とてもうれしかった」と言う。

「人はパンのみに生きるにあらず」とは聖書の言葉だが、情報は生きる糧として人間にとって欠かせない。石巻日日新聞は必要とされる情報を正しく伝えて人々の不安を取り除き、疑心暗鬼の芽を摘みデマや嘘が拡散されるのを未然に防いだ。

統一教会追及報道が始まる1年半ほど前、朝日新聞の記者が個人用のツイッターアカウントで［新聞は政府の広報誌ではありません。］と発言した。彼は［中小企業のバイトでも申請できる休業支援金は、まだほとんど利用されず、予算が余る状態。これは政府の広報が不足していたのも一因だと思います。］と言い、［霞が関周辺で「マスコミが報じないからだ」という声もたまに聞きますが、そもそも新聞は政府の広報誌ではありません。（略）政府が隠していることを暴くために取材しています。］と主張した。

同年、中日新聞の記者がツイッターで［高校生の新型コロナワクチン忌避は子宮頸がんワクチン（HPVワクチン）によってワクチンそのものの信頼が失墜しているからであり、信頼が失墜したままコロナ禍を迎えたことは敗北と言える。信頼失墜をマスコミのせいと言うのは自由だが、信頼を回復させる能力はマスコミにはない。関係者が自分で信頼回復させるほかない。］と発言した。

この2年後、政府の広報誌発言をしたのとは別の朝日新聞記者が［「正しい」やり方だけでは倒せない巨悪と対峙した時、どうするか。報道の世界には「目的が手段を浄化する」という考え方もあり、西山事件はまさにその一つだったように思います。「運命の人」に合掌を。」とツイッターに投稿した。

3人の発言を繋ぎ合わせると「権力を監視するのが報道で、このためには手段を選ばず、個人に犠牲が出ても、社会が混乱しても知ったことではない」となる。彼らはジャーナリストだから報道倫理について学んだはずだが、「事実通りに伝える」「報道する側の意見を含めない」「意見が分かれる場合は片側の意見に偏らず報道する」ことより、彼らの独自な正義が優先されると確信しているようだ。

マスコミが持つ権力を指して「第四の権力」と呼ぶ。国家の三権「立法」「行政」「司法」と並ぶ権力を持ち得るのは、国民が投票でジャーナリストを選出しているからでも、ジャーナリスト国家資格などというものがあるからでもなく、大衆に対して大量の情報を素早く流す手段を持っているからにすぎない。大衆は政治について知るために報道機関に依存しているので、政治家はマスコミを恐れる。政治家に恐れられているのを知っているから、報道は政府の広報ではないと言うのだろう。

統一教会追及報道は、「事実通りに伝える」「報道する側の意見を含めない」「意見が分かれる場合は片側の意見に偏らず報道する」とされる鉄則のいずれか、またはすべてを無視していた。本書の「誰も言い出せなかった共産党二世問題」と「共産党二世が訴える生きづらさ」を除いたすべての章は、報道の公正さをデータと証言で検証するために費やしたが、ここまでしなければならなかったのは報道の鉄則が守られてこなかったことが未だ指摘されず、報道機関も反省していないからだ。

報道機関は「正しい」やり方だけでは倒せない「巨悪」統一教会と自民党を倒すため手段を選ばず、教団と信者および自民党と議員に何が起ころうと関知せず、彼らが滅び去ってもしかたないとしていなかったか。

これでは活動家の広報メディアではないだろうか。統一教会追及報道の暴走に身を任せた報道機関は、石巻日日新聞が被災地に張り出した壁新聞のジャーナリズムから随分遠いところへ行ってしまったように思われる。

救済されるべき被害者と糾弾されるべき加害者に分断された世界で

統一教会追及報道は、信者とその他の人々に社会を分断した。救済されるべき被害者と糾弾されるべき加害者に二世たちを分断しただけでなく、家庭内を分断して和解のきっかけを遠ざけた。そして教団関係者ばかりか、新興宗教の宗教家や既存宗教の宗教家からも、宗教と社会を分断していると指摘する声があがっている。さらに「私は信者ではないが」と前置きせざるを得ない人、怖いから何も言わないという人が登場していることからわかるように、信者以外の一般人同士も分断されたのである。個人の自由と多様性と融和を掲げるリベラルな社会が傷つけられたのである。

かつて私は自民党には目もくれず革新系候補者に1票を投じリベラルな立場を自称していた。

ノンフィクション・ノヴェルを書いて発表したり、インタビュー誌を創刊させるなど社会の規律や習慣、権威などにとらわれない活動をするという意味でリベラルであったろうし、だからこそ自分の自由だけでなく他者の自由を尊重することからもリベラルであったはずだ。政治的にも穏健な革新を望んでいた。

だが、こうした認識を改めざるを得なくなったのが２０１０年代であり、厳密に言えば

２０１１年の東日本大震災による原発事故が発端だった。

原発事故によって反原発運動が盛り上がるのは別に不思議ではない。この運動を担ったのが左派またはリベラル勢であったのも特に奇妙ではない。だが彼らは科学的な事実を無視するだけでなく、真実を伝える人々を吊し上げ、暴力で口を封じるに及んだ。そして自主避難者の帰還を手助けしていた私も誹謗中傷に晒された。しかも警察沙汰にせざるを得ないできごとまであった。

さらに左派とリベラル勢は被災地を穢れた土地であると被害を誇張したり捏造しながら、被災地と被災者を差別した。厳格に検査された福島県の米や野菜や果物、魚介類にさえ放射性物質で汚染されていると言い、検査済みの産品を出荷することさえ殺人行為、生産者は人殺しと言われた。被曝の影響は被災者の健康のみならず、これから生まれる子、さらに数代先まで続くので、福島県の女性は子供を産んではならないと言う者まで現れた。

こんなことを吹聴し、被災地と被災者に寄り添うとお為ごかしの親切を装い原発反対を唱えたのである。

大阪府と東京都では、福島県の子供たちが続々と死ぬのを予想したという「葬列」デモが行われ、僧侶が経文を誦するなか喪服を着た参加者が棺を担いで原発撤廃を主張した。左派またはリベラルが主催し、背後に左派またはリベラル政党が控え、左派またはリベラルを自認するメディアが批判すらしなかった非人道的な運動は、これだけではなかった。

むしろ報道は大衆を運動に駆り立てたのだ。

リベラルは知的であり穏健な革新を望んでいるなどというのは嘘っぱちだった。科学を否定するのみならず、非科学的な妄想をもとに現実を暴力によって変更しようとする愚か者だった。他者を尊重するのではなく差別し、穢れを押し付けて排除し、人々の間に溝を穿ち分断を図った。寛容さなど微塵もない。

弱者を救うのをやめて、分断を生み出し、自らの立場を優勢にしようとするだけの存在になって左派とリベラルは死んだのである。三つ巴の循環構造の一角に位置して虚像を生み出していた一部の報道機関も同様だ。

なによりつらいのは、三つ巴の面々である「オピニオンリーダー・活動家・政治家」「報道・SNS」「追随層」が後片付けをしないまま次の分断を生んで、新たな「救済されるべき被害者」と「糾弾されるべき加害者」をつくり出すことだ。反原発運動の後片付けは事故から十余年でやっと目処がつき始めたが、統一教会追及の後片付けがどのように進むのかまったくわからない。しかも多くの人々が統一教会だけ注目して、教団が解散させられたら解決すると思い込んでいる。

統一教会が反省しなくてもよい立場とは言えない。統一教会の失敗と隙があって追及報道に至っている。だが教団は反省や後悔をたびたび口にして、コンプライアンス宣言を実行した。改革の成果は訴訟数や返金額だけでなく、信者自身の変化としてはっきり現れている。だが報道は客観的な事実だけでなく、教団と信者たちも言論の場から排除した。

まず統一教会の声を脚色なく伝えるところから報道したらどうだろうか。これまでの「報道フレーム」を捨て去り「メディア世論」をつくろうなどと考えずに報道するだけだ。ここに痛みがともなったとしても、報道の批判機能を健全なものにするため不可欠なのではないだろうか。

検証　暴走報道

——データと証言で明らかにする統一教会追及

2025年2月28日　　初版第1刷発行

著　者　　加藤 文宏
発行者　　武津 文雄
発行所　　グッドタイム出版
〒141-0061　東京都中央区銀座7-13-6 サガミビル2F 編集室
Tel：0475-44-5414　Fax：0475-44-5415
e-mail：fuka777@me.com

ISBN978-4-908993-52-7